MOUNIER

GUY COQ

MOUNIER
O engajamento político

DIRETOR EDITORIAL:
Marcelo C. Araújo

EDITOR:
Avelino Grassi

TRADUÇÃO:
Guilherme d'Oliveira Martins

COORDENAÇÃO EDITORIAL:
Ana Lúcia de Castro Leite

COPIDESQUE:
Leila Cristina Dinis Fernandes

REVISÃO:
Ana Lúcia de Castro Leite

DIAGRAMAÇÃO:
Simone Godoy

CAPA:
Alfredo Castillo

Título original: *Mounier – L'engagement politique*
1 ère édition en France en 2008 aux Éditions Michalon
© Guy Coq, 2008
Todos os direitos reservados.
ISBN 978-2-84186-468-3

© Prefácio e Tradução: Guilherme d'Oliveira Martins.

Todos os direitos em língua portuguesa, para o Brasil, reservados à Editora Idéias & Letras, 2012.

Editora Idéias & Letras
Rua Pe. Claro Monteiro, 342 – Centro
12570-000 Aparecida-SP
Tel. (12) 3104-2000 – Fax (12) 3104-2036
Televendas: 0800 16 00 04
vendas@ideiaseletras.com.br
www.ideiaseletras.com.br

Dados Internacionais de Catalogação na Publicação (CIP)
(Câmara Brasileira do Livro, SP, Brasil)

Coq, Guy
Mounier: o engajamento político / Guy Coq; [tradução Guilherme d'Oliveira Martins]. – Aparecida, SP: Idéias & Letras, 2012.

Título original: Mounier: L'engagement politique.
Bibliografia

ISBN 978-85-7698-144-2

1. Filósofos franceses 2. Mounier, Emmanuel, 1905-1950 I. Título.

12-04989   CDD-194

Índices para catálogo sistemático:
1. Mounier : Filosofia francesa 194

O estilo do filosofar de Mounier é muito original, porquanto sua reflexão se nutre do **Acontecimento** *(événement),* no sentido amplo da palavra, e se engaja no testemunho da ação. Para melhor compreender a obra de Guy Coq: *Mounier – O engajamento político,* pareceu-nos ser muito útil redigir um Glossário, apresentando de maneira sucinta uma informação a respeito de nomes, fatos e acontecimentos por ele referidos. Por isso, sugerimos ao leitor que, antes de começar a leitura da obra em apreço, leia o Prefácio de Oliveira Martins, o Sumário e, em seguida, o Glossário (p. 125). Dessa forma, será bem mais fácil e mais proveitosa a compreeensão do texto a partir do próprio título *O engajamento político.* Neste caso, a *política* é entendida do sentido amplo do bem comum.

Alino Lorenzon

Prefácio

Quando Mounier lançou o ambicioso projeto da revista "Esprit" em outubro de 1932, há 80 anos, o panorama da história europeia era de grande incerteza. Viviam-se os efeitos da "Grande Depressão", a sombra obscura da guerra e dos tratados de Versalhes fazia-se sentir, o desprestígio da política era evidente. Tudo se associava no sentido de uma estranha ameaça em que os nacionalismos agressivos se ligavam aos ressentimentos alimentados por uma perigosa associação do "salve-se quem puder", dos protecionismos e de uma violência social descontrolada, com tensões que se acumulavam. Quatro episódios vão marcar decisivamente a evolução do pensamento de Mounier e do grupo de intelectuais que o rodeavam – a invasão da Etiópia pela Itália fascista (1934), a Frente Popular francesa (1936), a guerra de Espanha e os Acordos de Munique de 1938. Em 1932, a revista "Esprit" vai nascer ligada ao movimento "Troisième Force" (de Izard e Deléage), sob as fortes dúvidas de Jacques Maritain, que desejaria uma revista católica e de católicos. Mounier aceita em um primeiro momento associar-se ao movimento político, mas opta por um projeto pioneiro baseado na cooperação entre cristãos e não cristãos. No entanto, quanto à "Terceira Força", depressa a revista se autonomizará dela, afirmando-se como um projeto cultural com intervenção política, não confundível com um partido.

Como afirma Guy Coq, "a linha seguida por Mounier nestes anos cruciais de antes da guerra organiza-se em torno da viva consciência da escalada de um perigo mortal na Europa". Diz então Mounier: "Sinto um sofrimento cada vez mais vivo por ver nosso cristianismo solidarizar-se com o que designarei um pouco mais tarde de 'desordem estabelecida' e de vontade de fazer uma ruptura". Em uma carta que escreve a Jean-Marie Domenach afirma: "o acontecimento será nosso mestre interior". De fato, Mounier considera-se essencialmente testemunha de seu tempo. E este testemunho põe a tônica na relação entre o pensamento e a história, o que é mais importante do que uma apreciação puramente conjuntural das tomadas de posição em face das circunstâncias. Estamos perante o valor da imperfeição como um sinal da ação humana, o que é muito mais importante do que a consideração de modelos ou receitas fechados. Se lermos os textos de Mounier (sobretudo depois de conhecer Landsberg), percebemos bem que correr riscos (o sujar as mãos) é fundamental para procurar a justiça animada pela verdade. Péguy ou Maritain falam dos polos profético e político – E. Mounier e P. L. Landsberg procuram fazer do engajamento *(engagement)* a ligação entre o respeito da "eminente dignidade humana" e a realização das ações necessárias à justiça, à verdade e à dignidade, a partir dos "sinais dos tempos", de que falará João XXIII.

Mounier concebe a pessoa humana como superação de si mesma – "ela é o movimento do ser para o ser". O tema dos valores espirituais torna-se, por isso, crucial perante o drama histórico que prenuncia o recrudescer da guerra. Mounier e Landsberg demarcam-se da ideia de Max Scheler, segundo a qual os valores são realidades absolutas. Não é possível subordinar a pessoa a um abstrato impessoal. E assim trabalham o vínculo entre a pessoa e o valor, a partir do cristianismo: "o personalismo cristão vai até ao fim; todos os valores se reagrupam para o cristianismo, sob o apelo singular de uma Pessoa suprema". Deste modo, consideram os valores espirituais compreendidos ora como resposta cristã, ora como sinal filosófico, orientado pelo crivo da razão. Os valores não são, assim, ideias gerais ou desenraizadas – "são fonte inesgotável e viva de determinações, exuberância, apelo irradiante: como tal revelam uma como que singularidade expansiva e uma proximidade com o ser pessoal, mais primitiva do que seu deslizar para a generalidade". Assim, há uma viragem metafísica em Mounier com a chegada à revista "Esprit" de Landsberg. Conhecedor da experiência e dos perigos alemães, bem como das ameaças e riscos que se manifestam na Espanha, onde esteve exilado em Barcelona, o pensador introduz um conjunto de preocupações novas, que vão revelar-se fundamentais. Há uma especificidade da política, distinta da dimensão espiritual. E as noções de acontecimento e de engajamento vão assentar em um diálogo intenso entre a pessoa e os valores. E os dois pensadores recusam separar o corpo e o espírito – do mesmo modo que não aceitam encarar a realidade histórica que os cerca sem uma filosofia do compromisso, que significa um pensamento de ação. "O engajamento pode revestir diversas formas: é humano, ético, político, espiritual, segundo a dimensão da ação que domina. Mas nenhuma das formas pode ser pensada de modo totalmente independente por referência às outras." E a verdade é que a coerência de Paul-Louis Landsberg leva a que, depois da tomada de consciência sobre a situação dramática em que então se vivia, em uma caminhada inexorável, o filósofo sofra até às últimas consequências seu engajamento, indo até ao sacrifício supremo da morte, no Campo de Concentração de Oranienburg.

"A minha pessoa e em mim a presença e a unidade de uma vocação intemporal (...) chama a superar-me indefinidamente e opera, através da matéria que a refrata, uma unificação sempre imperfeita, sempre recomeçada, de elementos que em mim se agitam." Se o engajamento e o acontecimento se tornaram centrais nesta reflexão, devemos ainda acrescentar a capacidade de fazer frente aos acontecimentos, a ideia de afrontamento: "a pessoa expõe-se, exprime-se, faz face a, é rosto". E, de fato, a palavra grega mais próxima da noção de pessoa é *prosopon*: aquele que olha de frente, a máscara que identifica o ator no teatro grego. Ora, a partir da ideia de "afrontamento", chegamos àquilo que Unamuno designava por "agonia", a luta pessoal emancipadora, a partir da consideração dos valores espirituais. "A pessoa toma consciência de si própria, não no êxtase, mas na luta de força." Afinal, "o amor é luta; a vida é luta contra a morte; a vida espiritual é luta contra a inércia material e o sono vital". No fundo, alguém só atinge a plena maturidade, no momento em que "opta por fidelidades que valem mais do que a vida".

A presente obra de Guy Coq apresenta ao público de língua portuguesa o pensamento de Emmanuel Mounier como uma reflexão atual e como um apelo contemporâneo ao "engajamento pessoal", à "eminente dignidade humana" e ao "acontecimento" como mestre interior. Em um tempo de incertezas, é uma obra luminosa e reveladora, cuja leitura se projeta no futuro como uma aposta séria em uma cultura de liberdade, de responsabilidade e de justiça.

Guilherme d'Oliveira Martins[1]

---

[1] Guilherme d'Oliveira Martins é Presidente do Tribunal de Contas e Presidente do Centro Nacional de Cultura (Portugal), Mestre em Direito e Professor Universitário. Foi Ministro da Educação (1999-2000), Ministro da Presidência (2000-2002) e Ministro das Finanças (2001-2002), dentre outros cargos exercidos no governo português.

Sumário

INTRODUÇÃO: Sócrates no século XX 19

Refazer a civilização 20

A fundação de "Esprit" 24

O engajamento contra os totalitarismos 25

Uma Europa sem blocos 31

I. PESSOA E COMUNIDADE 35

1. A pessoa, pensamento da totalidade humana 35

A bipolaridade pessoa/indivíduo 37

Transcendência e vocação 38

A existência concreta 40

Uma liberdade comprometida 42

2. A relação interpessoal fundadora da comunidade 44

Eu e nós 44

Para além do face a face 46

3. Comunidade e sociedade 49

O totalitarismo 51

Tornarem-se comunidades imperfeitas 54

A distância espiritual 57

– 13 –

Ideia de comunidade perfeita 59

A humanidade 60

A comunidade como reveladora do social 62

II. O CIDADÃO COMPROMETIDO NA DEMOCRACIA 63

1. A dialética da pessoa e dos valores 63

Os valores na história 65

2. No sentido do engajamento 69

A tentação da pureza 69

Descoberta do engajamento político 70

O acontecimento 73

3. O nascimento de uma filosofia do cidadão ativo 76

A influência de Landsberg 77

Uma filosofia da ação 79

A impossível teoria 81

O conhecimento do engajamento 84

4. Um pensamento do político 85

Origem do totalitarismo 86

O Estado 88

Pessoa, comunidade, valores 90

O risco do Estado 93

Direito e poder 95

III. O ESPIRITUAL E O FUTURO DO CRISTIANISMO 101

1. Um filósofo do espiritual 101

O espírito relacional 102

2. O futuro do cristianismo 104

Feu la Chretienté 104

Cristianismo e civilização 106

O afrontamento cristão 108

3. Um cristianismo vivo 111

CONCLUSÃO: Uma Filosofia da História 115

BIBLIOGRAFIA 121

GLOSSÁRIO 125

REFERÊNCIAS BIBLIOGRÁFICAS 165

A Jacques Delors, discípulo fiel de Mounier.
Em testemunho de agradecimento e admiração.

Introdução
Sócrates no século XX

"Esta espécie de função socrática que me
coube entre o espiritual e o político e todos
os trabalhos dos homens é muito devoradora
e não me deixa o gozo do trabalho necessário."[1]

O nome de Emmanuel Mounier é associado à fundação, à animação da revista "Esprit" e a uma corrente filosófica, o personalismo. É também uma grande testemunha da história do século XX até à Guerra Fria e uma figura de relevo do catolicismo, ao lado de Péguy, Bernanos, Maritain, tendo tido em vida uma imensa projeção internacional.

Emmanuel Mounier ocupa um lugar particular no panorama intelectual. Ainda que brilhantemente recebido na agregação em filosofia, recusa seguir uma carreira universitária e

---

[1] Carta de 8 de março de 1948, em A. Béguin, "Emmanuel Mounier", número especial, "Esprit", décembre 1950, p. 912.

segue, nesse aspeto, os passos de seu grande antecessor Péguy. Como este, funda uma revista à qual liga seu destino. A animação dessa revista, os contatos que ela implica, revelarão o estilo pessoal de Mounier. Poucos intelectuais do século XX evocam como ele a figura de Sócrates. Toda a sua obra concentra-se na amplitude dos diálogos. A solidariedade entre o ser, o pensamento e a ação que preconiza Sócrates encontra-se excepcionalmente realizada por Mounier em seu tempo. E se no caso de Sócrates é a ausência de escrita que sustenta a dinâmica do diálogo, para Mounier, é o ritmo da revista que protege o pensamento de um fechamento sobre si mesmo, confrontando-o com o ritmo dos acontecimentos. "Esprit" é a condição de uma abertura aos outros, e antes do mais ao coletivo da redação; é também o desafio de uma inscrição do pensamento na vida pública, atribuindo sempre a prioridade ao diálogo. A tal ponto que os amigos recordarão um característica sua: a presença.

Refazer a civilização

O pensamento de Mounier organiza-se em torno de dois grandes polos: por um lado, uma procura fundamental das condições de uma nova civilização, capaz de equilibrar enfim pessoa e comunidade, e, por outro, o engajamento na história que interpela o pensamento através do acontecimento. "O acontecimento será nosso mestre interior", escreve Mounier a Jean-Marie Domenach, pouco tempo antes de morrer. Este aforismo resume, com alguns outros, a posição filosófica do autor que recusou sempre fazer do personalismo um sistema.

E no entanto se há um pensamento de Mounier em busca das "estruturas do universo pessoal", ele não pretende forçar o terreno concreto, histórico, para indicar *a priori* o sentido do acontecimento ou a orientação das ações a levar a cabo. Este "campo de estrutura personalista" não é pensável em si mesmo *a priori*, compreendemo-lo no interior dos problemas sociais ou políticos; é através dos problemas no engajamento assumido no terreno que este "campo de estrutura personalista"[2] suscitará soluções. Mounier procura constantemente uma coerência entre o discurso, a qualidade de homem e a ação. Bernard Comte exprime-o com felicidade: "O método de Mounier e seu estilo de ação são marcados pelo exemplo de Péguy: recusa separar o combate de ideias, o trabalho de elaboração de um pensamento, da presença na frente da atualidade política e social, nas lutas travadas em nome da justiça, da liberdade e da paz".[3]

A coerência do pensamento, do ser e da ação nota-se especialmente na correspondência.[4] As cartas de Mounier deixam testemunhos preciosos sobre sua pessoa: relações familiares, evocação do pensamento em formação, cartas àquela que

---

[2] "Tâches actuelles d'une pensée d'inspiration personnaliste", "Esprit", agosto de 1948. Reproduzido em BAEM, n. 31. Fazemos muitas vezes a referência a artigos não reeditados na edição do "Bulletin de l'Association des Amis d'Emmanuel Mounier" (BAEM), disponível na Association des Amis d'Emmanuel Mounier (AAEM), 19, rue Henri Marrou – 92260 Châtenay Malabry.

[3] Bernard Comte, na intervenção no colóquio do centenário de Mounier, na Universidade Pontifical Salesiana, Roma, janeiro de 2005; editada em M. Toso, Z. Formella, A. Danese (dir.), "Emmanuel Mounier, Persona e umanesimo relazionale", volume 2, Edições LAS, Roma, 2005.

[4] Jean-Marie Domenach, "Emmanuel Mounier", coleção "Écrivains de Toujours", Le Seuil, 1972.

virá a ser sua mulher, Paulette. Nesses textos de uma escrita viva, que sintetiza muitas vezes os momentos da evolução do autor, aparece a solidariedade do homem e de seu pensamento.

Por meio das explicações, das posições públicas da revista e das cartas a seus correspondentes, desenha-se a coerência de seu engajamento. Esta unidade do homem ressente-se com nitidez em seus escritos mais íntimos, em uma página determinada escrita por ele próprio, por sua memória. Seguimos aí o drama pessoal que atinge sua vida familiar: uma encefalite privará sua filha da capacidade de relação até sua morte prematura. Mounier vive esse sofrimento com uma profundidade humana e espiritual impressionante.

É igual a coerência do homem que não hesitará em contribuir ele mesmo, pagando de seu bolso, no lançamento e na sobrevivência da aventura de "Esprit", por vezes no limite do possível. O diretor, reduzido à pobreza, lança frequentes apelos aos leitores e aos amigos da revista para fechar um número.

Nascido em 1905, em Grenoble, em uma família de farmacêuticos ligados ao cristianismo, Mounier conhece uma infância protegida. Seus pais viam-no médico e conduzem-no para os estudos científicos. Começa-os com desespero e, ao fim de um ano, orienta-se para a filosofia. Correm então três anos "fecundos, mas demasiado previsíveis", à sombra de um mestre, Jacques Chevalier. Em 1927, parte para Paris para preparar a agregação que alcança, obtendo o segundo lugar em sua promoção, atrás de Raymond Aron. Passa então alguns anos a explorar um tema de tese, mas também a orientar-se no mundo da cultura: muitos contatos nestes anos decisivos de maturação são marcados pela leitura de Péguy (o que dará lugar ao primeiro texto publicado por Mounier: "O Pensamento de Charles Péguy", de 1931). Frequenta reuniões em casa de Maritain, encontra regularmente o padre Pouget, lazarista cego e erudito.

O futuro fundador de "Esprit" abandona seu futuro universitário. A partir de 1930, pensa um projeto de revista e ao mesmo tempo de movimento (com Georges Izard e André Deléage). Para sobreviver, ensina em Paris e depois no Liceu Francês de Bruxelas, cidade onde se instala depois de seu casamento, de 1935 a 1939.[5] A animação de "Esprit" retém-no alguns dias por semana em Paris.

Recordando esse período de sua vida, Mounier dá três grandes razões para o projeto da revista:[6] "um ciclo de criação francesa estava fechado, escreve, e havia coisas a pensar que não se poderia escrever em qualquer outro sítio; a nós, jovens pianistas de 25 anos, faltava um piano". A segunda razão é o estado do cristianismo: "Sinto, escreve ainda, um sofrimento cada vez mais vivo de ver nosso cristianismo solidarizar-se com o que designarei um pouco mais tarde como 'a desordem estabelecida' e por vontade de fazer uma ruptura". A terceira razão é ditada pela crise econômica que percebe como sinal de uma crise total da civilização. A Renascença é uma revolução inacabada. É verdade, ela fez emergir o indivíduo contra a forma tradicional da sociedade, mas não equilibrou este nascimento do indivíduo com uma nova forma de sociedade. Ora, esta civilização está a esgotar-se. Um dos sintomas disso

---

[5] Sobre Mounier e a Bélgica, ver o belo álbum de testemunhos: "Emmanuel Mounier en Belgique", coleção "Secteur Lettres", Wolu culture, Bruxelas, 2002.
[6] Numa carta de 1° de abril de 1941, cf. Dossiê "Emmanuel Mounier", "Esprit", décembre 1950.

mesmo é a emergência dos coletivismos e dos fascismos, meios catastróficos de superar a revolução individualista. Para fazer sair o indivíduo de seu fechamento, Mounier desenvolverá a ideia de pessoa solidária da comunidade; daí fará decorrer a revolução personalista e comunitária, que engoba a economia e a política em um projeto de civilização.

A fundação de "Esprit"

A resposta a essas preocupações constituirá, ao mesmo tempo, um movimento e uma revista. No congresso da fundação, que teve lugar em Font-Romeu de 16 a 23 de agosto de 1932, Mounier expõe longamente suas perspetivas em um texto intitulado "As direções espirituais do movimento Esprit",[7] que se tornará o editorial do primeiro número da revista em outubro, sob o título "Refazer a Renascença" ("Refaire la Renaissance"). A vintena de pessoas que participam no congresso adotam, a um tempo, o princípio de uma revista e de um movimento, mas este, "A Terceira Força" – assim nomeado para marcar a dupla recusa da sociedade burguesa e do comunismo –, separar-se-á de Mounier e da revista ao fim de um ano (depois desaparecerá em 1934).

"Esprit" não será assim o órgão de um partido político. Do mesmo modo, a revista não será ligada ao catolicismo: enquanto Jacques Maritain desejava uma revista católica, Mou-

---

[7] "Les orientations spirituelles du mouvement Esprit", publicado no número duplo 13-14 do BAEM.

nier constrói uma revista, na qual os católicos cruzam outros ideais espirituais, mas na base de um acordo em torno de certos valores e de convergências no plano espiritual. Retornaremos à evolução de Mounier ao longo desses anos anteriores à guerra, limitamo-nos de momento a lembrar os acontecimentos que suscitam seu engajamento: em 6 de fevereiro de 1934, a invasão da Etiópia pela Itália fascista, a Frente Popular ("Front Populaire") em 1936, a guerra da Espanha.[8]

O engajamento contra os totalitarismos

A linha seguida por Mounier nesses anos cruciais anteriores à guerra organiza-se em torno da viva consciência da escalada de um perigo mortal na Europa. Denuncia constantemente os recuos que parecem dizer a Hitler que o fruto depressa estará maduro: este rearma tranquilamente a margem esquerda do Reno (março de 1936), anexa a Áustria (março de 1938). E depois há os acordos de Munique (29 e 30 de setembro de 1938). Os ingleses e os franceses cedem perante Hitler e suas pretensões relativamente aos Sudetas. Nos textos desses anos decisivos, Mounier testemunha ao mesmo tempo uma grande lucidez política e um grande rigor espiritual. Àqueles que estão prontos a consentir as agressões de Hitler, com o pretexto de que seria necessário rever o Tratado de Versalhes,

---

[8] Ver, sobre este afrontamento de Mounier com os acontecimentos que precedem a Guerra Mundial, a obra indispensável de Michel Winock: "Esprit, des intellectuels dans la cité", coleção "Points Histoire", Le Seuil, 1996 (é a edição aumentada de "L'Histoire politique de la revue Esprit", Le Seuil, 1975.

contrapõe que a política hitleriana é o totalitarismo na Europa e não uma mudança do tratado. "O que quer que se faça, não há relação entre a justiça que reclamávamos para a Alemanha pós-Versalhes e as reivindicações hitlerianas."

Entre Munique e a guerra, Mounier e "Esprit" tentam provocar um sobressalto da democracia francesa. Ao lado da revista, um periódico bimensal "Le Voltigeur" (animado por Jacques Madaule) é o instrumento dessa ação sobre a opinião pública. Deste período datam as reflexões sobre uma futura democracia socialista, sobre a representação, sobre os partidos políticos, sobre o Estado e a autoridade. Mas a urgência consiste também em denunciar o racismo e o antissemitismo, assim como o pré-fascismo francês. Em janeiro de 1939, "Esprit" pede a Daladier, presidente do Conselho depois da demissão de Léon Blum (abril de 1938), que envie armas aos republicanos espanhóis.

Em um artigo de fevereiro de 1939, "Péguy, profeta do temporal", Mounier resume com clareza o fundo de sua posição depois de 1935: "E pensamos hoje que nada é defendido pela guerra moderna. Mas sabemos também que nada é defendido sem o risco da guerra, que nada é criado pelo espiritual, em um mundo que repele o espiritual sem risco grave e permanente de conflito, e que querer a todo o custo eliminar esse risco é decidir-se aceitar o único preço que o adversário pede, que pedirá até ao último cêntimo: o abandono desses valores, em primeiro lugar até ao suicídio moral, e depois até ao suicídio físico".[9]

---

[9] Citado por Michel Winock, *op. cit.*, p. 202.

Mobilizado para os serviços auxiliares, Mounier, surdo de um ouvido e privado de um olho, bate-se para que continue a publicação de sua revista (graças a Pierre-Aimé Touchard). Desde agosto de 1939, o pacto germano-soviético complica a situação (o Partido Comunista Francês não resiste, mas comunistas resistem) até maio de 1941 (invasão por Hitler da União Soviética). Sete números de "Esprit" aparecerão até junho de 1940.

Mounier não avalia imediatamente todas as consequências da derrota de 1940; não antecipa uma viragem da história, contrariamente à decisão imediata de De Gaulle. Convencido de que a dominação nazista na Europa arrisca-se a ser duradoura, Mounier, condenando a colaboração e a política de Vichy relativamente aos judeus e ao totalitarismo nazista, acredita numa possível continuação do combate de "Esprit" sob o regime de Vichy, e isto durante alguns meses. Com o recuo histórico, seu erro de julgamento é evidente e será depressa corrigido. Mas ele espera poder continuar o combate contra a peste totalitária, apesar da censura de Vichy, considerando que é preciso manter as forças de resistência espiritual ao totalitarismo. A equipe de "Esprit" está dividida. Com Jean Lacroix em Lyon, Mounier está em zona livre. Vichy autoriza a revista. Estes dez números de guerra, entre novembro de 1940 e agosto de 1941, estarão na origem de uma viva polêmica.[10] Esta estratégia encontra

---

[10] Para clarificar o dossiê, "Esprit", na pessoa de seu diretor Olivier Mongin, confiou ao historiador Bernard Comte, autor de trabalhos de referência sobre o período dos anos 1940 e antes, a tarefa de apresentar a reedição fac-similada desses números publicados sob a censura, acompanhada de um importante trabalho crítico de releitura, de contextualização, de análise histórica. Este grosso volume, aparecido em 2004 nas edições "Esprit", procura uma sólida base objetiva para a apreciação da atitude de Mounier na França de Vichy, contrariamente às visões simplistas que sobre o tema são dadas.

seu limite quando Mounier publica em julho de 1941 um texto de Marc Beigbeder intitulado "Suplemento às Memórias de um Burro". Sob a aparência de um "conto para uso das crianças deste século", o autor faz o processo da colaboração. O censor apenas viu a referência à Condessa de Ségur, célebre autora de livros para crianças, mas os leitores compreenderam imediatamente que o burro era Pétain submetido a seu mestre Hitler. No mês seguinte, a revista "Esprit" foi interdita pela censura.

Ao mesmo tempo que procurava iludir a censura, Mounier estabelecia em Lyon contatos com a Resistência. Já suspeito em Vichy desde o início de 1941 e impossibilitado de intervir em Uriage,[11] seria preso em Lyon, a 15 de janeiro de 1942, e transferido para Clermont-Ferrand. Depois, encarcerado novamente em Lyon com resistentes, faz uma greve da fome com Bertie Albrecht, a secretária de Henri Frenay, de 19 a 30 de junho de 1942.[12] Mounier é então suspeito de ser um importante responsável da Resistência. Não é verdade, mesmo estando em relação com Frenay. No decurso do processo, o procurador apresenta-o como "diretor espiritual da Resistência". "Depois da proibição da revista, escreve Bernard Comte, Mounier liga-se estreitamente aos movimentos clandestinos de resistência cujos dirigentes de Lyon já conhecia.

---

[11] Trata-se da escola de quadros, fundada pelo capitão Dunoyer de Segonzac, em Uriage, perto de Grenoble, para dar à França os quadros que lhe faltavam antes da derrota. Cf. A obra de Bernard Comte, "Une Utopie combattante, l'école de cadres d'Uriage, 1940-1942", Fayard, 1991. Ver também do mesmo autor: "Mounier sous Vichy: le risque de la présence en clandestinité", em Guy Coq (dir.), "L'Actualité d'un grand témoin", t. I, Parole et Silence, 2003.
[12] As prisões de Mounier em 1942 deram lugar a vários textos: "Les jornaux de prison" (publicados em "Esprit", décembre 1950).

Torna-se seu colaborador intelectual, animador de grupos de trabalho que refletem sobre a construção futura do Estado e da sociedade."[13] Mounier beneficiou-se de uma absolvição por falta de provas e passou o resto da guerra sob um nome falso, em Dieulefit, em Drôme, onde levou a cabo diversos trabalhos e preparou o pós-guerra.

Desde a Libertação, Mounier prepara a reaparição de "Esprit", o que acontece em dezembro de 1944. Passa a habitar os Murs Blancs, em Châtenay-Malabry, onde o acompanham vários próximos: Paul Fraisse, Henri-Irenée Marrou, Jean-Marie Domenach, Jean Baboulène e as respetivas famílias. Não formam uma comunidade, apesar de haver nos Murs Blancs certo espírito comunitário. A revista, que conhece um crescimento notável,[14] instala-se na rue Jacob, nas instalações das edições Le Seuil.

"Nossa preocupação dominante, escreve Mounier no editorial de regresso, é recriar 'Esprit' mais do que retomá-la", e de fato é de uma refundação que se trata.[15] No entanto, ao acreditar em Michel Winock, o pensamento de Mounier no fundo mudou pouco durante esses cinco anos até a sua morte em 1950. Quando Mounier reedita seu "Anarquia e Personalismo", nada muda: o curto posfácio não põe em causa suas posições fundamentais.

Na realidade, de 1945 a 1947, Mounier aprofundou seu conhecimento do marxismo, ao qual reconhece ser um con-

---

[13] Emmanuel Mounier, "Persona e umanesimo relazionale", *op. cit.*, p. 121.

[14] Passa rapidamente de 10 mil para 13 mil exemplares, contando com 5 mil assinantes.

[15] Gouven Boudic, "Esprit, 1944-1982, les métamorphoses d'une revue", Editions de l'IMEC, 2005.

tributo metodológico. Isso o conduz a um diálogo com os comunistas (sendo acusado de certo silêncio sobre os crimes de Estaline).[16]

A vida política é marcada durante esse período pelo tripartidismo sob a influência de De Gaulle (que se demite em janeiro de 1946): os comunistas participam no governo até ao fim do tripartidismo, em maio de 1947, dando a ilusão que se tinham afastado de Moscovo. Aliás, a URSS faz parte dos vencedores e participa nos processos dos nazistas em Nuremberga. "Não eram ouvidos aqueles que traziam novas sobre o terror estalinista."[17] Uma carta de Victor Serge a Mounier descreve claramente a situação: "Solicite um conhecimento mais preciso sobre as realidades atuais da União Soviética (...). Não espera por certo que elas sejam esclarecidas pelas fontes oficiais? Outras informações são filtradas, mas formam um quadro de tal modo terrível que qualquer pessoa que as publicasse na França (e creio saber que é totalmente impossível) seria imediatamente acusada pelo PC e por pessoas de boa vontade de métodos dignos de Goebbels".[18] E Victor Serge envia a Mounier o artigo de um homem no qual tem toda a confiança que "relata um testemunho sobre a Dalstroy do Extremo Oriente e sobre o Transiberiano. Mais de cinco milhões de deportados trabalham aí em regime de campos de concentração,

---

[16] Michel Winock, *op. cit.*, p. 313-314.

[17] Ibidem, p. 311.

[18] Correspondência entre Emmanuel Mounier e Victor Serge (1940-1947), BAEM, n. 39. Revolucionário de origem russa, vítima das purgas estalinistas, deportado na Sibéria, Victor Serge foi defendido publicamente em "Esprit" em 1935. Depois de sua libertação, em 1936, tornou-se amigo de Mounier e publicou um artigo sobre os campos e as deportações na URSS, "Esprit", junho de 1936.

com frios siberianos!".[19] Victor Serge cita várias outras fontes. Mas Mounier participa, nestes anos do pós-guerra, na recusa largamente difundida de reconhecer a verdade sobre os campos estalinianos: em cada época há verdades inaudíveis.

O fato é tanto mais estranho quanto é certo que Mounier conhece Victor Serge. Antes da guerra, houve em "Esprit" denúncias precisas do estalinismo: "Em setembro de 1936, ele (V. Serge) publica 'Choses de Russie', notas onde denuncia prisões em todo o país, o processo Zinoviev e a exaltação grandiloquente da mística do chefe na imprensa russa".[20]

Uma Europa sem blocos

A partir de 1947, com a guerra fria e a constituição de dois campos antagonistas, abre-se o espaço de recusa dos blocos, de uma posição neutralista articulada com um tomar de distâncias relativamente ao Partido Comunista, e a esperança de uma Europa socialista – mas não comunista – ao mesmo tempo que independente dos Estados Unidos. É este o sentido de um apelo à opinião internacional redigido por escritores e jornalistas saídos de "Combat", "Franc Tireur", "Temps Modernes" e "Esprit". No último momento, "Temps Modernes" recusa a publicação, e Merleau-Ponty, chefe de redação, faz pressão sobre Mounier para que faça o mesmo. O texto aparece pelo menos em "Esprit" em novembro de 1947. Esse ape-

---

[19] BAEM, n. 39, p. 19-20.
[20] Artigo assinado por Paulette Mounier, ibidem, p. 3.

lo pela paz e por uma Europa socialista recusa uma terceira guerra mundial, considerando que a Europa é vítima da guerra fria: "É pela subordinação da Europa que cada bloco tenta defender-se". Este apelo para a autonomia da Europa supõe ao mesmo tempo o socialismo e a descolonização.[21]

O engajamento de Mounier é confortado em fevereiro de 1948 pelo golpe de Estado comunista de Praga. "Temos a temer, infelizmente, escreve no número de março, que Praga, depois de Bucareste e de Sofia, não seja a nova manifestação de um acerto de contas, não apenas com os vestígios do capitalismo privado, mas com as forças socialistas e democráticas não comunistas, consumada com todas as regras de uma arte que apenas parece ter regressado para aperfeiçoar os mais sinistros precedentes. A Checoslováquia não se abrasa mas congela." E Mounier descreve a situação: no princípio, uma grande coligação, depois uma "destruição gradual, a sabotagem dos partidos não comunistas"; no fim um compromisso limitado e depois a explosão. Uma minoria mantém-se aliada do PC, atrás da aparência vazia da antiga aliança. O que choca particularmente Mounier aqui é que se trata de um país (a Checoslováquia) onde a tradição democrática está bem implantada, onde "a imaturidade das massas" não pode em nenhum caso justificar o método: "o comunismo afirma assim por atos, senão sempre em palavras, que só há para ele colaboração, nas etapas pré-revolucionárias, para preparar o alinhamento dos aliados no fim da estrada comum (...), só há lugar para seu poder absoluto, exclusivo de qualquer partilha".[22]

---

[21] Apelo republicado por M. Winock, *op. cit.*, p. 415.
[22] Extrato do artigo "Praga", retomado em "Oeuvres", Seuil, 1961-1963, t. IV, p. 154.

Esses anos da guerra fria veem também a assinatura do Pacto do Atlântico, ao qual se opõe "Esprit", porque liga a Europa e a França a um bloco. Um trabalho de aproximação da Alemanha desenvolve-se paralelamente, graças a Alfred Grosser, cunha operária de um comité de intercâmbio. Mounier mostra também muita simpatia por iniciativas de Garry Davis – ex-piloto de guerra americano que acaba de se refugiar na ONU, em Paris, para solicitar a cidadania mundial – que se bate por uma assembleia constituinte internacional. Mounier apoia essas ações que considera proféticas. Mas essas iniciativas pela paz o afastam definitivamente do PCF. O processo húngaro Rajk, dirigente comunista condenado à morte por titismo escandaliza Mounier. É François Fejtö que lhe abre os olhos, em um artigo decisivo que publica em "Esprit" em novembro de 1949: "o caso Rajk é um caso Dreyfus internacional". Mounier manifesta sua simpatia pela Iugoslávia no momento da ruptura de Tito com Moscovo, denunciando o regime policial titista; isto põe fim à tentativa de diálogo de Mounier com os comunistas.

Mounier morreu abatido por um infarto do miocárdio em Châtenay no fim de março de 1950.

Os acontecimentos maiores da época que atravessou passam-se no centro de sua posição: fazer do acontecimento uma interpelação permanente para o pensador – "o acontecimento será nosso mestre interior".[23] Mounier considera-se essencial-

---

[23] Carta a Jean-Marie Domenach, 5 de setembro de 1949, em "Mounier et sa génération, Lettres, carnets inédits", choisis para Paulette Mounier, Seuil, 1956, Reedição Parole et Silence, 2000, p. 410.

mente testemunha de seu tempo. Mas fazendo-o, para além de sua época, não é ele exemplar de certa relação necessária entre o pensamento e a história?

I. Pessoa e Comunidade

1. A pessoa, pensamento da totalidade humana

A pessoa parece voltar a cair em graça hoje, depois, é preciso dizer a ela, de certo apagamento do personalismo. "Se a pessoa regressa, considera Paul Ricoeur, é porque continua a ser a melhor candidata para sustentar os diversos combates jurídicos, políticos, econômicos e sociais; ou seja, é melhor candidata que todas as outras que foram levadas pelas tormentas culturais." E o autor passa em revista o insucesso de todas as outras realidades antes de concluir: "Eis por que gosto mais de dizer pessoa do que consciência, sujeito, eu".[1] Ao afirmar tudo isso, Paul Ricoeur não podia deixar de pensar em Emmanuel Mounier, ele que tanto insistiu na pessoa. Esta questão nunca deixou de preocupá-lo até a sua última obra.[2]

Uma obsessão persegue Mounier: o medo de dar uma visão truncada ou parcelar da realidade humana. A pessoa é, antes de tudo, o nome de um esforço para afirmar de maneira

---

[1] "Lectures", 2, Seuil, 1992, p. 198.
[2] "Le Personnalisme", coleção Que sais-je?, PUF, 1949.

exata a globalidade do ser humano, mostrando que os outros termos que seríamos tentados a preferir acabam em reduções ou mutilações da pessoa. Esta ultrapassa a consciência, uma vez que é, inseparavelmente, corpo e espírito: "o homem é corpo do mesmo modo que é espírito, inteiramente corpo e espírito".[3] O eu perde sua posição eminente: "O que eu chamo meu eu é apenas um receptáculo de particularidades mais ou menos impessoais, uma simples figura de encruzilhada".[4] O que lhe falta é o dinamismo; o aspeto do eu contrasta com a ideia de pessoa que é fonte de movimentos e capacidade de ação: "Não me realizo como pessoa a não ser no dia em que me dou aos valores que me tiram de uma posição inferior a mim".

A aparição do "eu" pode sugerir o regresso a uma filosofia do sujeito. Isto porque há em Mounier a designação de um "princípio de unidade": "Não começo a ser uma pessoa a não ser no dia em que se revela a meus olhos a pressão interior, depois o rosto de um princípio de unidade, onde me começo a possuir e a agir como eu". A referência ao sujeito é muito rara em Mounier; aparece no comentário a um texto de Berdiaeff,[5] em que evoca "a realidade existencial do sujeito". Mas é preciso "desfazermo-nos, acrescenta imediatamente Mounier, da ilusão das palavras: o sujeito, no sentido em que o usamos aqui, é o modo do ser espiritual (...), o sujeito é ao mesmo tempo uma determinação, uma luz, um apelo na intimidade do ser,

---

[3] Ibidem, capítulo I:"L'existence incorporé".
[4] "Refaire la Renaissance", coleção "Points Essais", Seuil, 2000, p. 99.
[5] Nicolas Berdiaeff, filósofo russo (1874-1948), muito inspirado pelo cristianismo, emigrado na França em 1924, colaborou em "Esprit" e apoiou Mounier desde o início.

um poder de transcendência interior ao ser (...). Sob seu impulso, a vida da pessoa é essencialmente uma história e uma história irreversível".[6]

O sujeito encontra, assim, a pessoa como movimento e como realidade espiritual. O eu é a pessoa como instância existencial que nenhum conceito poderá fechar inteiramente. Quem pretende prender a pessoa, como personalidade, para-a, corta-a em seu ímpeto no sentido dela mesma. Assim, se a pessoa se limita a papéis que a integram em comunidades imperfeitas, trata-se de uma redução, de uma mutilação, como ele próprio chega a dizer.

A bipolaridade pessoa/indivíduo

Mounier descreve uma tensão entre pessoa e indivíduo. Em todo o ser humano, descobre-se uma bipolaridade: se o polo individual se identifica com o corpo, com a encarnação, o polo pessoal exprime a dimensão espiritual do ser, em movimento para sua realização. Querer isolar o indivíduo é, no fundo, esvaziá-lo de seu ser, o que faz o individualismo: que "se olha, se evapora em seu olhar e já não gosta deste delicioso desvanecimento".[7] O olhar torna-se não real e, logo que se vira para o mundo, nada retém a não ser o espetáculo. A esta absolutização do indivíduo, Mounier opõe a pessoa: "a pessoa

---

[6] "Écrits sur le Personnalisme", coleção "Points Essais", Seuil, 2000, p. 74-75.
[7] "L'Affrontement chrétien", La Baconnière/Seuil, 1945, reedição Parole et Silence, 2006, p. 107.

criadora (...) aberta para fora de si, para o mundo, para outrem, para o absoluto".

A pessoa é feita de múltiplas facetas e é presente em cada um de seus aspetos, ainda que não se possa reduzir mais: "tudo se passa como se minha pessoa fosse um centro invisível onde tudo se prende, bem ou mal, ela manifesta-se por sinais como se fosse um hóspede secreto de pequenos fatos e gestos de minha vida, não podendo cair diretamente sob o olhar de minha consciência".[8] A pessoa "é uma presença em mim",[9] é o volume global do homem.

Transcendência e vocação

Opondo o movimento que é a pessoa nas instâncias que a pretendem fixar – eu, sujeito, personalidade –, aproximamo-nos de um termo essencial da descrição da pessoa: a transcendência. Há na pessoa um "movimento que transcende" e que se desenvolve sob três formas. Um movimento é de superação de si no sentido de si mesmo, antes do mais, em um esforço de unificação nunca acabado, sempre posto em causa. Mas esse movimento é superação de si no sentido do outro, uma saída de si, construindo-se a pessoa através das relações com as outras pessoas. A transcendência no sentido de si mesmo, no sentido do outro, seria enfim quebrada se a pessoa não se constituísse em transcendência para os valores. O movimento

---

[8] "Refaire la Renaissance", *op. cit.*, p. 84.
[9] Ibidem, p. 85.

de superação, de transcendência de si mesmo para si mesmo, é unificação de si. O que impulsiona e orienta esse movimento é a procura de minha vocação: "Minha pessoa é em mim a presença e a unidade de uma vocação intemporal que me chama a superar-me indefinidamente e opera, através da matéria que a refrata, uma unificação sempre imperfeita, sempre recomeçada, de elementos que em mim se agitam".[10]

Esta vocação não é dada de repente, revela-se no movimento que a procura: "a primeira missão de todo o homem é descobrir progressivamente este número único que marca seu lugar e seus deveres na comunhão universal, e se consagrar, contra a dispersão da matéria, nesta união de si".[11] Este número único: a expressão evoca uma mensagem codificada, e por isso um trabalho de descoberta dessa vocação como sentido de presença única de um ser no mundo. Trata-se de um mistério? Dez anos depois do texto precedente, Mounier adota este termo: "A pessoa é o protesto do mistério". Protesta contra toda a pretensão de defini-la exaustiva e definitivamente. Mas "esse mistério não é o misterioso", é "a presença, do real, tão comum, tão universal como a poesia à qual voluntariamente se abandona. É em mim que o conheço, mais puramente do que em outro lugar, neste número indecifrável de minha singularidade, porque ele aí se revela como um centro positivo de atividade e de reflexão, não somente como uma rede de recusa e de mudança".[12] O "número indecifrável" é apenas aquele que

---

[10] Ibidem.
[11] Idem.
[12] "Écrits sur le Personnalisme", *op. cit.*, p. 76.

corresponde à unidade de um ser, unicidade que não se pode explicar totalmente.

A pessoa é assim história, porque o movimento de transcendência, sob suas três formas, desenvolve-se no tempo, o que indica Mounier ao evocar a irreversibilidade da história pessoal. A filosofia da pessoa em Mounier organiza-se em torno de duas linhas de força: a perspectiva da globalidade do ser humano, que desqualifica toda a filosofia que pretenda reduzi-la, por um lado, e uma dinâmica da transcendência, na qual a pessoa se desdobra em uma história em busca de sua vocação e na procura do outro. Nesses últimos textos, Mounier abre duas pistas novas.

A primeira pista diz respeito a esta encarnação, a presença no sensível e no corpo, que constitui a emergência de uma das três dimensões da pessoa. No longo prazo da história das estruturas pessoais, forma-se uma segunda dimensão: a comunhão, a constituição do vínculo social propriamente humano. A terceira é a conquista da transcendência.[13]

A existência concreta

A segunda pista explorada por Mounier (nomeadamente em "O Personalismo", publicado em 1949) consiste em analisar as estruturas da existência concreta da pessoa. Re-

---

[13] Sobre as dimensões da pessoa, ver o relatório de Mounier ao Congresso "Esprit" de julho de 1948: "Tarefas atuais de um pensamento de inspiração personalista" ("Tâches actuelles d'une pensée d'inspiration personnaliste"), publicado em "Esprit", agosto de 1948, BAEM, n. 31.

presenta-as sob a forma de uma tensão entre os movimentos no sentido da interioridade, da subjetividade, e movimentos orientados para a exterioridade e a objetividade. Quando somos levados a privilegiar um dos dois, Mounier vê aí, pelo contrário, um equilíbrio a estabelecer. É assim que o recolhimento não saberia satisfazer-se a si mesmo, ainda que fosse necessário, mas apenas teria sentido como concentração completada pela ação. O recolhimento é, assim, ativo, é "concentração de força", "aprofundamento pessoal", mas ao mesmo tempo "aproximação de uma singularidade não inventariável".

Da mesma maneira, o "segredo", a intimidade, o privado são indispensáveis para a pessoa, desde que equilibrados pelo movimento complementar de projeção para fora de si. Acrescente-se que a pessoa se encontra entre o ser e o ter. Sem o "ter", a pessoa "dissolve-se no objeto", uma vez que sua subjetividade perde a respetiva base. Mas quando o ter invade a pessoa, esta perde igualmente. Todas essas tensões resumem-se na dialética interioridade/objetividade: "Assim, a existência pessoal permanece sempre entre um movimento de exteriorização e um movimento de interiorização, que lhe são essenciais e que podem fixá-la ou dissipá-la".[14] Em complemento desta tensão necessária, intervém um outro movimento essencial para a pessoa: a afirmação, a capacidade de fazer frente, o afrontamento. "A pessoa expõe-se, exprime-se, encara, é rosto. A palavra grega mais próxima da noção de pessoa é *prosopon:*

---

[14] "Le Personnalisme", *op. cit.*, p. 54-55. Em português: "O Personalismo", tradução de João Bénard da Costa, 3ª ed., Moraes, 1973, p. 94.

aquele que olha de frente, que afronta."[15] Segue-se uma análise intensa, na qual o autor mostra que a prioridade para a pessoa não é procurar sua diferença, sua originalidade ou sua excecionalidade, mas afirmar-se no dom, no acolhimento, na coragem das rupturas e das reviravoltas. "A ruptura e a reviravolta são categorias essenciais da pessoa."[16]

Tudo isso supõe a força. "A pessoa toma consciência de si própria, não no êxtase, mas numa luta de força. A força é um de seus principais atributos."[17] E mesmo a lógica do amor dá valor à força: "O amor é luta; a vida é luta contra a morte; a vida espiritual é luta contra a inércia material e o sono vital".[18] A força necessária pode ir até ao risco de vida: "uma pessoa só atinge a plena maturidade no momento em que opta por fidelidades que valem mais do que a vida". O movimento de progresso na sociedade supõe uma luta de força. "O direito é uma tentativa sempre precária para racionalizar a força e vergá-la ao domínio do amor."[19]

Uma liberdade comprometida

Uma pessoa, que é ato e escolha, induz a questão da liberdade que Mounier não separa da pessoa. "A liberdade é afirmação da pessoa, vive-se, não se vê." E o pensamento da liberdade descarrila sempre que "o isolamos da estrutura glo-

---

[15] Ibidem, p. 57. Trad. port. cit., p. 97.
[16] Ibidem, p. 59. Trad. port. cit, p. 100.
[17] Ibidem, p. 61. Trad. port. cit., p. 102-103.
[18] Idem., trad. port. cit., p. 102.
[19] Idem, trad. port. cit., p. 103-104.

bal da pessoa".[20] Todos os que se assumem lucidamente optam pela liberdade; daí a fórmula decisiva: "É a pessoa que se faz livre, depois de ter escolhido ser livre". Trata-se de um ato espiritual, porque a liberdade não se demonstra, a escolha de ser livre liberta. E a análise chega à responsabilidade e à superação da necessidade pela liberdade: "(A liberdade) não é o ser da pessoa, mas o modo como a pessoa é tudo o que é, e o é mais em plenitude do que por necessidade".[21]

Relativamente a essa pessoa que integra a globalidade do homem, e que constitui um movimento constante de transcendência, não é de admirar que Mounier só veja a possibilidade de conhecê-la no âmbito de uma filosofia de valores, por suas relações com o outro, na procura de sua vocação, nas grandes direções da transcendência. A pessoa apenas encontra sua realização na e pela ação, no e pelo engajamento. Esta forma original de descrever a pessoa explica que não há conhecimento direto da pessoa por ela mesma; ela só se assume em uma "adesão vivida": "Como tudo o que 'não é deste mundo'. A realidade transcendente de cada uma de nossas pessoas escapa-nos em sua essência, mas podemos conhecê-la como 'enigma e como em um espelho' pela prova de uma vida em conformidade com seus apelos, pela irradiação daqueles que perto de nós lhe trazem testemunho".[22]

O verdadeiro conhecimento em si, que Mounier propõe, não está afastado do "conhece-te a ti mesmo" socrático.

---

[20] Ibidem, p. 65, capítulo 5, "La liberté sous conditions". Trad. port. cit., p. 110.
[21] Ibidem, p. 74. Trad. port. cit., p. 123
[22] "Refaire la Renaissance", *op. cit.*, p. 450.

2. A relação interpessoal fundadora da comunidade

Uma das direções da transcendência da pessoa deve procurar-se no outro. A qualidade de uma pessoa depende da qualidade de suas relações com os outros. Quando estas se degradam, a pessoa também se degrada. Esta relação interpessoal é fundamento da comunidade. Mounier inventa a expressão "personalismo comunitário" porque, para ele, uma pessoa só é verdadeiramente ela mesma participando em uma comunidade. Desde o princípio de sua obra, a questão do outro, do próximo, é abordada a partir da crítica das comunidades que destas só têm o nome. E se elas se degradam é porque os elementos que as compõem são caricaturas de pessoas, de indivíduos, dos semelhantes, resultados do insucesso da relação interpessoal.[23] O desafio é, assim, para Mounier, de reconstruir, de restaurar a relação com o outro.

Eu e nós

A pessoa é necessária à comunidade: "O *nós* segue o *eu* ou mais precisamente – porque eles não se constituem um sem o outro – o *nós* vem depois de eu, uma vez que não saberia precedê-lo". Estas fórmulas fazem aparecer a transformação que Mounier opera por referência a Buber, Gabriel Marcel e alguns outros filósofos da relação *eu/tu*. É o *nós* que intervém de repente entre *eu* e *tu* e para constituí-los em *eu* e *tu*. Mas

---

[23] "Comungar uns e os outros? Já não há mais uns e os outros. Já não próximo, apenas há semelhantes". Ibidem, p. 94.

há um *eu* que precede o *nós*. E o *eu* pode realizar-se como *eu*, no *nós*. Um pouco mais longe o texto precisa esta relação *eu/nós*: "O *nós*, realidade espiritual consecutiva ao *eu*, não nasce do apagamento das pessoas, mas de sua realização".[24] O *nós* da comunidade nasce da relação entre duas pessoas. A comunidade constrói-se como tecido de relações interpessoais. Um *nós* comunitário de algum modo amplo é muito formado por "nós dois", "nós três" etc., cruzados até ao infinito. É a existência do máximo de relações interpessoais que constitui a comunidade, a presença de muitas relações *eu/tu*. Daí esta fórmula: "A aprendizagem da comunidade é a aprendizagem do próximo como pessoa em sua relação com minha pessoa, o que se chamou com felicidade a aprendizagem de *ti*" (em uma alusão a Gabriel Marcel). Mas esta relação a *ti* não implica de modo algum uma quebra entre relação interpessoal e comunidade.

A coerência do pensamento poderia resumir-se assim: não há verdadeira comunidade sem relações entre pessoas, relações elas mesmas necessárias à constituição de cada pessoa. Desde 1935, Mounier aprofunda a relação *eu/tu*: "a relação do *eu* ao *tu* é o amor, pelo qual minha pessoa se descentra de certa maneira e vive em outro todo, possuindo-se e possuindo seu amor". Sublinharemos a importância dos dois termos igualmente necessários e opostos: "descentra-se", "possuindo-se". Esse amor une a comunidade, ela não existe sem ele; e ele joga nela o mesmo papel como a vocação contribui para a unidade da pessoa. Essas são algumas das páginas mais fortes de Mounier.

---

[24] Ibidem, p. 99.

Os dois, a pessoa e a comunidade, são refletidos em simultâneo. Este amor constrói a unidade da comunidade: "Sem ele, as pessoas não chegam a tornar-se elas mesmas. Quanto mais os outros me são estranhos, mais sou estranho para mim mesmo. Toda a humanidade é uma imensa conspiração de amor centrada em cada um de seus membros. Mas faltam por vezes conspiradores".[25]

Naquilo que bem podemos designar como segundo pilar do pensamento da pessoa em Mounier ("Manifesto ao Serviço do Personalismo"), uma fórmula sintetiza perfeitamente tudo o que acabamos de dizer: "Encontramos a comunhão inserida no coração da pessoa, integrante de sua própria existência".[26]

Dois textos voltam ainda com muito rigor ao tema: do outro e da pessoa. Um de 1939: "Personalismo e Cristianismo", publicado nos Estados Unidos e depois na França em 1946. O outro é a última obra publicada por Mounier em 1949 "O Personalismo".

Para além do face a face

O primeiro texto aborda dois registos: o da reflexão filosófica e o da meditação do crente. Mounier apoia-se na diligência filosófica para esclarecer a meditação do crente, mas, aqui, o segundo registo está em primeiro lugar. Passa-se da relação com o outro à "revelação do próximo":

---

[25] Ibidem, p. 102.
[26] A fórmula conclui o capítulo 2.1. do "Manifesto ao Serviço do Personalismo" intitulado: "O que é o Personalismo?", in "Écrits sur le Personnalisme", *op. cit.*, p. 80.

"É ainda difícil imaginar a revelação do próximo, definido como o que está fora de mim, como uma realidade separada, por muito elevada que seja. Sua realidade não é apenas a dele perante mim, somos nós os dois: o elo que nos une em uma só carne espiritual no corpo místico de Cristo é esta relação única que tenho com um ser de quem já não falo na terceira pessoa, como se fosse uma coisa, mas a quem começo a tratar por tu".[27]

Vemos aqui a abordagem do plano filosófico e do plano teológico: do *nós* ao corpo místico. Mas é preciso reparar na coerência filosófica: o próximo, o outro e a pessoa não estão no exterior, não são uma "realidade separada", eis por que a fórmula do "face a face" – ele perante mim – não é suficiente. Implica uma exterioridade que prima sobre a relação. O próximo, "somos nós dois". O *nós* interpessoal é a realidade principal. Neste momento a base filosófica está bem estabelecida. Mounier junta uma explicação espiritual forte. O fim da frase ilumina a noção teológica a partir da relação *eu/tu*. Na sequência desta página excepcional Mounier acrescenta: "É na descoberta deste *tu* que aprendo a conhecer a pessoa, minha pessoa e Deus, um pelo outro".[28]

Esta frase abre o campo da relação na qual eu descubro o tu: nessa relação interpessoal, conheço o que é a pessoa; o que confirma o aspeto não conceptual da pessoa; só se apanha o que ela é na experiência desta relação particular: a do *tu*. Mas ao mesmo tempo, nesta relação *eu/tu* descubro minha própria

---

[27] "Refaire la Renaissance", *op. cit.*, p. 485.
[28] Ibidem, p. 486.

pessoa. O conhecimento de si não passa pela solidão. E de novo mudamos de registo: uma vez que nessa relação interpessoal produz-se a descoberta de Deus e de minha pessoa "um pelo outro": pelo conhecimento de minha pessoa aprendo a conhecer Deus. Mas isso produz-se na relação interpessoal. E nessa mesma relação, há a descoberta de Deus que me abre para minha própria pessoa.

O texto continua rejeitando logicamente "a procura solitária do eu" (acusada de retirar à vida espiritual "uma dimensão vital"), uma vez que "ela me afasta para os mais decepcionantes aspetos de minha individualidade".[29]

O último livro publicado por Mounier contém ainda uma notável síntese das análises mais antigas. Depois de ter lembrado que as pessoas não se limitam umas às outras, mas fazem-se "ser e crescer", Mounier condensa todo o seu pensamento no sentido do outro para a pessoa: "A pessoa não existe senão para os outros, não se conhece senão pelos outros, não se encontra senão nos outros. A experiência primitiva da pessoa é a experiência da segunda pessoa. O *tu*, e adentro dele, o *nós*, precede o *eu*, ou pelo menos o acompanha".[30] Notar-se-á que não se trata apenas do conhecimento da pessoa, mas de seu próprio ser, antes do mais invocado na postura existencial: nem a aceitação, nem a rejeição do outro, mas uma orientação para o outro; e a própria realização da pessoa, sua capacidade de se reencontrar a si própria opera na relação interpessoal. Vê-se também como essa formulação vem em complemento da de 1934. O nós e o

---

[29] Ibidem, p. 485.
[30] "Le Personnalisme", *op. cit.*, p. 33. Trad. port., cit., p. 63-64.

eu constituem-se em conjunto, mas é preciso que haja em primeiro lugar o tu. Aqui é feita, reciprocamente, uma insistência sobre a quase precedência do eu, como sempre em Mounier, junto ao nós.

3. Comunidade e sociedade

As várias formas de vida social engendram os tipos de indivíduos: os indivíduos sem rosto, os do *se* impessoal, todos semelhantes, os reflexos de mim, seres fundidos no todo das sociedades, no "nós outros". Iniciar-se na comunidade é aprender a criticar todas as formas degradadas da pessoa. E isso obriga também a saber distinguir as comunidades imperfeitas e a compreender suas relações com a comunidade.

Ao nível mais baixo, está a massa, o "mundo do *se* impessoal" ("o mundo do *man*"), segundo Heidegger, este mundo "em que nos deixamos aglomerar quando renunciamos a ser pessoas lúcidas e responsáveis (…). O 'mundo do *man*' não constitui nem um *nós* nem um *todo*. Não está ligado a esta ou àquela forma social, antes é em todas elas uma maneira de ser".[31] É caracterizado pelas fórmulas fortes que em 1949 reforçam a análise de 1935: mundo do conformismo social ou político, da multidão, do aparelho irresponsável.

A massa é suscetível de ser tomada: "o maior perigo que ameaça o coletivismo popular é o de suscitar a exaltação da

---

[31] Ibidem, p. 40. Trad. port., cit., p. 74. Nota do tradutor: Mounier refere o "monde de l'on", João Bénard da Costa usa o pronome indefinido alemão "man" (que transcrevemos). Em português pode usar-se "se" em seu valor gramatical idêntico.

massa no mesmo sentido da paixão totalitária".[32] Evocando neste texto as massas totalitárias que se dizem monolíticas, Mounier acrescenta: "Elas melhor não reconheceriam que levam o homem de seu destino miraculoso aos poderes da pedra".

Em um nível imediatamente superior, Mounier descreve as sociedades como de "nós outros" e ainda como "sociedades vitais". As primeiras têm uma individualidade, uma consciência coletiva, podem suscitar a abnegação, mas desenvolvem o conformismo. A fórmula mais completa é a sociedade fascista. É preciso uma análise muito fina do trabalho que o ideal de uma sociedade compacta realiza sobre a pessoa, como quer o fascismo: "Estabelece-se então, da parte de cada membro da coletividade, uma espécie de delegação de personalidade. (Seus membros) demitem-se de qualquer iniciativa, de qualquer vontade própria, para repousarem em um homem que quererá por eles, julgará por eles, agirá por eles. Quando disser *eu*, pensará *nós* e sentir-se-ão engrandecidos por isso". O autor precisa a forte capacidade desta sociedade engendrar "pessoas segundas".[33] No manifesto publicado em 1936, Mounier sublinha relativamente ao fascismo a identificação da nação ao Estado, a submissão do direito ao Estado. Esta submissão significa, antes de mais, que o poder do Estado é o mestre último dos direitos dos cidadãos: nenhum estatuto constitucional é atribuído aos direitos humanos. O executivo fixa, ele mesmo, os princípios. Ainda para mais, é o Estado ele mesmo

---

[32] "Écrits sur le Personnalisme", *op. cit.*, p. 361.
[33] "Refaire la Renaissance", *op. cit.*, p. 107.

que decide da lei, sem qualquer separação de poderes. Enfim, o Estado identifica-se à sociedade, nenhuma realidade social escapa a seu poder de decidir soberanamente. Deixa de haver soberania na nação e nenhuma representação real se afirma. A autoridade "resulta do poder central".[34]

O totalitarismo

Sobre essa questão, Mounier manteve-se coerente, entre os textos de 1935 e os do último período, os de 1949. Citemos, por exemplo, o artigo aparecido nos "Cadernos da UNESCO" em abril de 1949 e intitulado "Reflexões sobre a Democracia":[35] "Na democracia de tendência totalitária, todos significa: todos em um só bloco, não todos por um, mas todos em um. Um opositor, desde então, não é um homem que assuma uma maior margem de ação do que outros, relativamente a uma opinião comum, é um secessionista, um cancro a extirpar. O ideal é a anulação de qualquer distância, da distância entre governos e governados, entre o Estado e a nação, todos se tornando governantes (inquisidor, polícia, vigilante de seu próximo), da distância entre governados pela generalização do conformismo e da solidariedade no terror político".[36] Jacques Le Goff salienta a importância dada por Mounier à questão da distância, à "anulação de qualquer distância": "É aí que reside

---

[34] "Écrits sur le Personnalisme", *op. cit.*, p. 171.
[35] BAEM, n. 41.
[36] Ibidem, p. 27.

a falha, o ponto de fratura, o lugar da falta que ele identifica colocando no mesmo patamar os primeiros passos muito sólidos de uma crítica radical do totalitarismo, hoje marcada pelos trabalhos de Claude Lefort ou Marcel Gauchet, que aprofundaram esta reflexão sobre a anulação da distância como matriz do totalitarismo".[37]

Ao lado das sociedades ditas de "nós outros", Mounier descreve as sociedades vitais que situa finalmente em um nível superior relativamente àquelas. "Chamamos sociedade vital a toda a sociedade cujo elo é constituído somente pelo fato de viver em comum certo fluxo vital, ao mesmo tempo biológico e humano, e de se organizar para viver melhor".[38] Vão do simples grupo de amigos até à família e à pátria. Desenvolvem uma organização: Estado, empresa, família. Individualizam e não personalizam as "funções não distribuídas". Apoiam-se em seres que são mudáveis entre si em sua função. É possível que casais ou famílias se limitem a esse nível de relação, marcada por uma "distração fundamental" análoga ao que se passa nas sociedades ditas de nós outros. Não há relação pessoa a pessoa. Cada qual se mantém no nível de uma vaga representação de tudo, mas não pensa o vínculo que une os valores a cada "vocação pessoal".

A sociedade vital fecha-se sobre si mesma, nos interesses vitais, ou cada um fecha-se sobre seus interesses. Mounier qualifica-a como "sociedade fechada" (em uma alusão a Bergson). "Se ela não é animada no interior por uma verdadeira comuni-

---

[37] Em "Totalité et distance", "Esprit", janvier 1983.
[38] BAEM, n. 41, p. 27.

dade espiritual, tende a fechar-se sobre uma vida cada vez mais mesquinha, sobre uma afirmação cada vez mais agressiva." Há por isso aqui uma deriva possível para as sociedades ditas de nós outros. Mas há ainda um possível devir positivo para essas sociedades: "As sociedades vitais não nos conduzem ainda às comunidades humanas, mesmo que elas possam prepará-las, se forem abertas em um sentido para-além-delas-mesmas".

Podemos chamar terceiro grau da comunidade o que Mounier designa como "sociedade razoável". Os juristas e os filósofos (em particular do século XVIII), que são teóricos do tema, fazem oscilá-la entre dois polos, de um lado, uma sociedade de espíritos, de outros, uma sociedade jurídica contratual. A primeira é fundada em um "pensamento impessoal", mas se o elo social se define unicamente por uma ideia geral, mesmo referida ao universal, ainda que seja pretensão de verdade, ela obscurece-se no dogmatismo: "Para unir uma comunidade, através de um vínculo interior, não basta que essa ligação seja verdadeira, é preciso que permita uma adesão consentida e progressiva".[39]

As coisas não se resolvem no outro polo da sociedade dos espíritos, isto é, na sociedade do contrato, porque a sociedade contratual não se ocupa da impessoalidade da forma do contrato. Ora, "os contratos celebram-se entre pessoas desiguais em potência", por exemplo, o operário e o empregador, daí o risco de cobrir "a injustiça permanente de forma desigual". Enfim, o contrato não cria uma "comunhão".

No entanto, no terceiro grau, como nos outros, há uma possibilidade avançada no sentido da verdadeira comunida-

---

[39] "Refaire la Renaissance", *op. cit.*, p. 111.

de. Assim, o pensamento impessoal tem a vantagem de se fazer comunicável. "A ciência e a razão objetiva são os suportes indispensáveis da intersubjetividade. Do mesmo modo, o direito é um mediador necessário."[40] E Mounier conclui com uma fórmula muito clara: "É preciso haver consciência da necessidade absoluta destas mediações e de sua insuficiência para assegurar uma plena comunidade pessoal". Em cada patamar no sentido da comunidade, há um elemento de progresso, mesmo o "nós outros" retira o indivíduo de sua insociabilidade, mas a falta da pessoa pode conduzir ao pior. Do mesmo modo o defeito das sociedades vitais não tem a ver com o fato de haver uma finalidade de sobrevivência coletiva, mas com o fato de parar aí, excluindo uma perspetiva mais universal e mais espiritual.

Tornarem-se comunidades imperfeitas

Seria negativo compreender essa análise apenas para deduzir dela uma visão estática das comunidades imperfeitas. Alguma das formas da vida social, trate-se da família, do Estado, da empresa, da nação, não se limita de maneira definitiva a um dos graus da sociedade imperfeita. No entanto, cada uma das formas da vida social (Mounier escreve por vezes sociedades no plural) pode abrir-se a um progresso no sentido da comunidade espiritual ou degradar-se e conduzir a uma forma de desumanidade.

---

[40] "Le Personnalisme", *op. cit.*, p. 41. Trad. port., cit., p. 76.

Assim, na realidade, as sociedades imperfeitas flutuam, porque "dependem da carne dos indivíduos", da "própria carne e da inércia das instituições que as exteriorizam".[41] Na realidade social, a comunidade autêntica é rara: "uma degradação leva permanentemente às manifestações humanas desde a comunidade pessoal à sociedade contratual, à sociedade vital ou ao grau mais baixo do 'público' e da massa". Seguem os exemplos interessantes dessas oscilações da sociedade, "seguindo suas derrotas e suas recuperações". É assim que Mounier descreve a França do século VI como uma massa informe de gente de todas as origens em que alguns participam ao menos na Pessoa coletiva, a única do tempo, a Igreja". Outros participavam nas sociedades contratuais, os magistrados galo-romanos, mas a maioria participava "em várias sociedades vitais, os bárbaros". Um outro exemplo evocado por Mounier é o da nobreza que começou por ser "sociedade vital", tornou-se "sociedade contratual" e depois entrou na "pessoa coletiva da Igreja". A "Pessoa coletiva França" sofreu muitas flutuações e nomeadamente no momento da viragem do "patriotismo vital" para o "patriotismo usurpador fundado com os mitos no ódio e no medo". Com estes exemplos, vemos o sujeito coletivo, a França, a nação, atravessar diversos graus de comunidade. E a Igreja ela-mesma, "comunidade que passa por tal" apresenta em um dado momento "todas as etapas desta degradação que a acompanha".[42] Referindo-se a Péguy, Mounier vê aí um confronto entre a parte da mística e a parte da política.

---

[41] "Refaire la Renaissance", *op. cit.*, p. 113.
[42] Ibid., p. 114.

Ao risco das flutuações, é preciso juntar a parte das ilusões internas que as diversas sociedades constroem sobre si mesmas: "Quantas famílias mais não são do que falsas Pessoas coletivas fundadas no desprezo ou na segurança, no hábito ou no dar-dar".[43]

Esta análise dos graus da comunidade das sociedades imperfeitas e de seus avatares constrói uma conceção global de sociedade? Ela aparece como ligação, como articulação de um conjunto de formas da vida social, sem que nenhuma delas pretenda um domínio total das outras, nem a forma estatal, que leva aos fascismos, nem a forma de sociedade vital, que leva ao racismo. Demasiadas vezes, no comentário do pensamento de Mounier, negligenciou-se a solidez e o rigor das críticas que ele opôs aos totalitarismos, e isto em uma época – os anos trinta – em que a filosofia política dos sistemas totalitários não começara a se desenvolver. No princípio de "O que é o Personalismo?" (1947), Mounier tem uma fórmula muito clara: "Este nome – o personalismo – responde ao desabrochar da pulsão totalitária, nasce dela, contra ela, acentua a defesa da pessoa contra o progresso dos aparelhos".[44]

Para apenas referir um exemplo: o grande livro de Hannah Arendt sobre o totalitarismo aparece em 1950, ano da morte de Mounier. Em seu artigo "Totalidade e distância espiritual e política na reflexão de Mounier",[45] Jacques Le Goff sublinha com força e clareza a ambição da totalidade, a unidade que

---

[43] Idem.

[44] "Écrits sur le Personnalisme", *op. cit.*, p. 319.

[45] "Totalité et Distance", "Esprit", janvier 1983, p. 6.

trabalha o pensamento de Mounier, equilibrada pelo pensamento das distinções necessárias, das distâncias a respeitar, os dois eixos estando articulados na expressão "distância unitiva" (que Mounier utiliza na primeira versão de seu primeiro artigo: "Refazer a Renascença"). Jacques Le Goff agarra a intuição de Mounier de um modo exemplarmente sintético: "Mounier não se cansa de repetir de uma ponta à outra de sua obra: não há o lado espiritual e outro radicalmente independente, econômico, político, ideológico, cultural (...). Só há um Todo no seio do qual um e os outros apenas ganham sentido por sua articulação em uma 'unidade estruturada' que não exclui qualquer das ordens do real. Definir o espiritual como o modo da separação ou da distância é desconhecer o movimento que é a união: 'O espírito é um poder de união' (citação de Mounier)".

A distância espiritual

Le Goff insiste na importância deste tema da "distância unitiva" no pensamento de Mounier, do ponto de vista espiritual, mas também político e filosófico. De fato, o texto de 1932, "Refazer a Renascença" coloca a questão da distância espiritual, não apenas como princípio da relação interpessoal, mas como princípio de compreensão do conjunto do universo. O desvio, explica-nos, "é a dupla condição da solidão, em que cada um se levanta, como uma árvore se projeta para o alto, e da união sem confusão que une todos os que participam do espírito em um corpo universal. Talvez seja esta nossa imagem central do mundo, e aí encontraríamos facilmente análises já assumidas: "Quando essas distâncias se alargam, é que o espírito já não pode agir sobre elas e a matéria põe em desordem este mundo enfraquecido; são elas que mantêm a realidade das pessoas na realidade da comunhão universal. Toda uma política e toda uma moral contraem-se nesta metafísica".[46] Na primeira versão desse texto, o autor deseja reter essa imagem da árvore "até em minhas construções políticas e econômicas, no ordenamento desta união universal que prosseguimos em todos os planos".[47] Tocamos aqui uma das intuições fundamentais do pensamento de Mounier.

E notamos, a começar, a nota final: o autor tem consciência de considerar não somente uma estrutura indispensável da esfera do espiritual, mas de entregar a chave de sua diligência à filosofia política e moral. Há uma questão espiritual no conjunto da vida social e política, e até no Estado, na nação e na república.

Além disso, esses textos de Mounier esclarecem o que ele entende por "comunidade espiritual". É na comunidade que a pessoa se afirma e se torna verdadeiramente ela mesma. Ao mesmo tempo, a união entre as pessoas nunca é uniformizadora, negação de um ou do outro; a distância mantém-se, distância mais do que exterioridade, distância que torna possível a união. Já não se trata de uma projeção do outro, de uma exterioridade infinita. Mas, lembremo-lo, Mounier diz claramente no fim da análise dos diferentes graus que nenhum deles alcança a comunidade: "Reservamos o nome de comunidade para a única comunidade para nós válida que é a comunidade personalista, que definiríamos como uma pessoa de pessoas".[48]

---

[46] "Refaire la Renaissance", *op. cit.*, p. 74.
[47] BAEM, n. 13-14, p. 41.
[48] "Refaire la Renaissance", *op. cit.*, p. 112.

Ideia de comunidade perfeita

A essa comunidade pessoal, o autor designa como "imagem limite": "Em uma perfeita comunidade pessoal, cada pessoa realizar-se-á na totalidade de uma vocação continuamente fecunda, e a comunhão do conjunto seria uma resultante de cada um dos sucessos singulares. Contrariamente ao que se passa nas sociedades vitais, o lugar de cada um seria insubstituível e essencialmente querido pela ordem do tudo. O amor seria o vínculo, e não qualquer constrangimento, qualquer interesse vital ou econômico, qualquer instituição extrínseca. Cada pessoa sendo promovida aos valores superiores que a realizam encontraria nos valores superiores objetivos comuns a linguagem que a liga a todos os outros".[49]

O autor insiste nos limites dessa comunidade de tal modo perfeita que o conflito deixa de ter sentido, a harmonia decorre do pleno desenvolvimento de cada um e da partilha dos valores superiores. Quer nos primeiros textos ("por vezes em um amor, com uma família, com alguns amigos, funcionamos como comunidade pessoal"),[50] quer na síntese de 1949, Mounier não vê, porém, uma eventual realização da comunidade senão entre algumas pessoas: "Desta (a plena comunidade pessoal), pelo menos na fase atual de nossa experiência, só nos podemos aproximar, a dois, ou em um reduzido grupo de pessoas: casal, amizade, pequeno grupo de fiéis, de militantes".[51] Quanto a

---

[49] Ibid., p. 112-113.
[50] Ibid., p. 113.
[51] "Le Personnalisme", *op. cit.*, p. 42. Trad. port., cit., p. 76.

conjuntos mais vastos, por exemplo um país, a comunidade pode existir "nos mais belos momentos de sua história".

Para além de algumas pessoas, para a gente comum, o risco é ver o impulso comunitário "degradar-se em sociedades fechadas". A única salvaguarda do universo pessoal é que a sociedade "se mantenha virtualmente aberta à universalidade das pessoas". Dito de outra maneira, a comunidade deve esforçar-se por estar aberta à humanidade inteira, a todo o homem. Por este fato, é trabalhada por uma tensão: "A ordem da pessoa surge-nos em sua tensão fundamental. É constituída por um duplo movimento, aparentemente contraditório, e realmente dialético, no sentido da afirmação de um absoluto pessoal, que resiste a qualquer redução, e da construção de uma unidade universal do mundo das pessoas".[52] Mas atenção: nesta unidade, só há pessoas únicas, não idênticas. A afirmação da pessoa tem como condição a comunidade plena, isto é, a comunidade universal das pessoas.

A humanidade

Mounier encontra então a questão clássica: o que fundamenta esta unidade universal? Recusa o regresso a uma natureza humana que rejeita porque limita *a priori* a criatividade ou a radical unicidade de cada pessoa. Mas contra a posição de Sartre, Mounier admite uma essência, uma estrutura da humanidade: "Se cada homem não é senão o que a si próprio se faz, então não há humanidade, nem história, nem comunidade". O prin-

---

[52] Idem. Trad. port., cit., p. 76-77.

cípio fundamental é "a afirmação da unidade da humanidade no espaço e no tempo (...). Opõe-se a todas as formas de racismos e castas, à eliminação dos deficientes, ao desprezo pelos estrangeiros, à negação totalitária do adversário político, em uma palavra e em geral, à constituição de homens à parte: um homem, mesmo diferente, mesmo degradado, é sempre um homem, a quem devemos permitir que viva como um homem".[53]

Esta unidade da humanidade, Mounier inclui-a na "ideia moderna de igualdade" porque, para ele, a igualdade não é "essencialmente igualitária e dissociadora". Ela exprime, pelo contrário, um vínculo humano: "o sentido dos vínculos humanos é-lhe essencial. Não se formou contra comunidades opacas senão para mais fundamente retomar o princípio de qualquer comunidade". Mounier liga-a à justiça, porque como igualdade "a justiça é sempre uma conquista a uma natureza que incessantemente renova as desigualdades". Essas noções de justiça e igualdade devem situar-se para além da "razão formal" e do direito positivo no sentido de "uma finalidade da humanidade" que nada tem de biológico e que não tende a totalizar a humanidade: "O totalitarismo escolheu bem seu nome: não se totaliza um mundo de pessoas". A ideia de humanidade tem por fim e único conteúdo a realização de um universo de pessoas. Ele resolve a tensão entre a pessoa e o coletivo, porque a prazo este universo das pessoas supõe a realização de cada pessoa. A humanidade tem por sentido último a forma superior da comunidade. A verdadeira comunidade é a humanidade.

---

[53] Ibidem, p. 43. Trad. port., p. 77-78.

A comunidade como reveladora do social

Foi esta ideia de comunidade que Mounier caracterizou como limite a uma função histórica e política considerável, enquanto rigoroso instrumento de análise do estado da sociedade, de suas instituições, dos diversos vínculos sociais, políticos e econômicos. Este risco que envolve a ideia de comunidade é de modo soberbo apresentado no grande livro de Etienne Borne, intitulado "Mounier"[54]: "A comunidade é ideia, isto é, limite ideal e verdade justificativa para toda a sociedade, estando situada dentro e fora de cada uma das sociedades da história; a comunidade nunca saberia ser, qualquer que fosse a sociedade, ausência e nada, uma vez que, sem ao menos um desejo de comunidade e um esboço de comunidade, uma sociedade não seria autêntica sociedade, mas violência contínua e opressão selvagem; a comunidade não pode também coincidir com uma sociedade temporal, histórica que não pode expulsar completamente a força e a violência, pela simples razão de os indivíduos que a compõem não serem plenamente personalizados; uma comunidade, isto é, uma sociedade de pessoas, orientada para a pessoa, não pode ser senão um horizonte trans-histórico, mas é preciso – e o imperativo é categórico – torná-la um poderoso motor de mudança e de transformação da condição dos homens na história".[55]

Assim, é a ideia de comunidade que permite descobrir em que medida as comunidades humanas são imperfeitas. Nelas nenhuma harmonia existe entre o homem e a sociedade. No entanto, as sociedades imperfeitas não são diabolizadas porque, nomeadamente pela ação política, é possível melhorá-las.

---

[54] "Mounier", Seghers, 1972.
[55] Ibid., p. 75.

II. O Cidadão Comprometido na Democracia

Para compreender o lugar do engajamento, é necessário começar por examinar a importância que Mounier dá à filosofia dos valores. É preciso depois retraçar seu próprio caminho. O engajamento permite a Mounier construir uma verdadeira filosofia do cidadão ativo, que se articula em um pensamento do fenômeno político.

1. A dialética da pessoa e dos valores

Mounier concebe a pessoa como superação de si mesma, como recusa de fechamento do indivíduo sobre si: "ela é movimento do ser para o ser", "desenvolvimento", "generosidade". Esta análise é colocada sob o título: "Aproximações concretas da transcendência". A transcendência não implica uma exterioridade, mas que "uma realidade superior em qualidade de ser está no coração da realidade transcendida". A superação não é um impulso vital, porque pode exigir um gesto heroico. Não é impulso vital nem agitação, mas elevação, orientação no sentido dos valores. Mounier opera aqui uma viragem: a transcendência não é só uma superação da pessoa no sentido dela mesma, para um ela mesma mais realizado, mas doravante este movimento para se transcender é movido pelo apelo aos valores.

Mounier demarca-se do filósofo fenomenológico Max Scheler (que descobre graças a Paul-Louis Landsberg),[1] para quem os valores são realidades absolutas. Não é possível para ele subordinar a pessoa a um abstrato impessoal. Como escapar ao estatuto dos valores como absolutos impessoais? Trabalhando o vínculo entre pessoa e valor, a partir do cristianismo: "o personalismo cristão vai até ao fim; todos os valores se reagrupam para ele, sob o apelo singular de um Pessoa suprema". Mounier vive ele mesmo desta fé, mas compreende perfeitamente que deve dirigir-se a todos; por isso sua resposta é dupla: à resposta cristã, é preciso juntar uma outra que não pressupõe a fé e que seja passada ao crivo da razão filosófica.

Mounier rejeita o ponto de vista que consiste em reduzir os valores ao estatuto de ideias gerais, ele apenas os concebe, aliás, em uma relação vital com as pessoas: "Os valores são fonte inesgotável e viva de determinações, exuberância, apelo irradiante: como tal revelam como que uma singularidade expansiva e uma proximidade com o ser pessoal, mais primitiva do que seu deslizar para a generalidade".[2] Mas não cai

---

[1] Paul-Louis Landsberg (1901-1944), filósofo alemão, ligado à Escola de Frankfurt, grande especialista de Santo Agostinho, emigrado para fugir ao nazismo. Convertido ao cristianismo, trouxe muito para a elaboração do pensamento filosófico de Mounier. Morreu na deportação.

[2] "Le Personnalisme", *op. cit.*, p. 78. Trad. port., cit., p. 130.

ele no perigo inverso, dando demasiada importância ao valor, querendo escapar à abstração? Se o valor não é uma pessoa como no relato da fé, de que modo pode ter esta exuberância, ser esta fonte inesgotável, encarnar este apelo? "Seu verdadeiro lugar, responde Mounier, é o coração vivo das pessoas." E tem necessidade do reconhecimento e do impulso da pessoa para se manifestar. É o impulso da pessoa em direção ao valor que lhe permite existir: "As pessoas sem os valores não existiriam plenamente, mas os valores só acedem, para nós, à existência através do *fiat veritas tua* pronunciado pelas pessoas".

É seu reconhecimento pela pessoa que faz existir o valor. Há um envolvimento recíproco entre pessoa e valor: a pessoa tem necessidade de um engajamento relativamente aos valores para existir, sem no entanto se confundir com os valores. Estes dão uma direção de superação do eu. O que conta é o sentido do movimento, do "transcender": "o verbo é melhor que o nome".[3]

Os valores na história

Mounier recusa a ideia segundo a qual os valores seriam "um mundo todo feito, realizado automaticamente na história", eles não são forças determinadas. É o ato pessoal que os "amadurece", é a profundidade da liberdade que os revela. Tal dependência da pessoa faz dos valores realidades subjetivas: "São-no na medida em que não existem senão em relação a

---

[3] Ibid., p. 79. Trad. port., cit, p.131. Ver também "Introduction aux Existentialismes", em Œuvres, op. cit., t. III, p.169.

um sujeito, eles precisam ser por ele recriado, sem estarem ligados a este ou àquele, servindo de mediação entre todos, arrancando-os de seu isolamento e desenvolvendo-os em suas indicações universais". Sua subjetividade é assim necessariamente intersubjetiva, porque sua reinvenção não pode ser o fato de um sujeito único. Os valores, insiste Mounier, não são reinventados por um só sujeito, em função de sua particularidade, mas por todos. Eles mediatizam as relações intersubjetivas, permitindo às pessoas sair de sua solidão, fundando a comunicação e abrindo-lhes a via do universal.

Os valores tiram cada pessoa de sua particularidade que "pode nos limites de sua condição abarcar o universo e indefinidamente aligeirar o laço que a ele a une". É pelo acolhimento dos valores que a pessoa se abre às outras pessoas, e isto de modo ilimitado. Os valores oferecem a capacidade de compreender o mundo: não tiram o homem de sua condição, mas abrem-no ao universo. "A pessoa é, pois, definitivamente movimento para um transpessoal, simultaneamente anunciado pela experiência da comunhão e da valorização". Pela ideia de "transpessoal" Mounier recusa a fórmula jansenista "só eu e o meu Deus" e estende essa recusa à solidão dos valores: "a relação absoluta com o Absoluto" constrói-se nas colaborações, "as meditações individuais que corrigem as limitações de cada uma delas".

Se a relação com os valores se constrói em conjunto, de maneira transpessoal, ela é também objeto de um combate. "A eminente dignidade do homem",[4] estima Mounier, refere-se a nossa capacidade de constituir um "quadrado de valores" pelos

---

[4] "Le Personnalisme", *op. cit.*, p. 81. Trad. port., cit., p. 134.

quais arriscaríamos nossa vida, porque o último fundamento dos valores deve ser procurado na qualidade espiritual da pessoa: "O personalismo que circunscrevemos inverte a posição de um valor espiritual, a pessoa, receptáculo ou raiz do conjunto dos outros, colocando-o no coração de toda a realidade humana".[5] E Mounier não fala de fundamento, mas de "raiz" e "receptáculo".

Em toda a parte, as grandes recusas de Mounier referem-se a valores: recusa dos pseudovalores fascistas, recusa do capitalismo, recusa do marxismo. Porque a cada passo estes sistemas de valores lhe parecem incompatíveis não apenas com as pessoas, mas também com este vínculo entre as pessoas e os valores. Este tema é explicitado no final do "Manifesto ao Serviço do Personalismo" por esta fórmula: "A revisão geral dos valores que esboça este pequeno volume"[6] ou ainda em "O que é o Personalismo?", cujo prefácio faz alusão "aos valores fundamentais aqui desenvolvidos".[7]

O abandono por Mounier do ponto de vista transcendental de Scheler é talvez uma consequência da historicidade dos valores: todos os valores têm uma história ao longo da qual seu sentido se precisa, afronta outros e confronta-se com os acontecimentos. Essa historicidade confronta Mounier em sua recusa de considerar os valores como absolutos abstratos. Os valores não podem descobrir-se senão nos acontecimentos e na ação. Em "O que é o Personalismo?",

---

[5] "Écrits sur le Personnalisme", *op. cit.*, p. 91.
[6] Ibidem, p. 212.
[7] "Qu'est-ce que le Personnalisme? (Seuil, 1947), em "Écrits sur le Personnalisme", *op. cit.*, p. 311.

publicado em 1947, Mounier recusa fazer do personalismo um sistema, sublinhando que essas propostas não têm sentido em si, abstratamente, porque cada uma delas "nasce do cruzamento de um julgamento de valor e de um julgamento de fato. Arrisca uma intenção de valor em uma hipótese, a prova de decisão. Enriquece e em certo sentido recria o valor na aventura nova que lhe oferece".[8]

A ação é decidida, comprometida, em nome de um valor que ela revela e, reciprocamente, o valor revela-se na ação. O engajamento provém para Mounier de um "movimento dialético". O personalismo suscita compromissos, transforma-os, dá-lhes vida, e, na volta, os engajamentos revelam o personalismo.

Os valores são, assim, sempre implicados na história: não é possível opor os valores intemporais puros a uma realidade detestável e degradada: "Nosso primeiro trabalho foi sobretudo de depurar os valores. Apercebemo-nos que o comprometimento não era entre os 'valores espirituais' intactos e uma realidade corruptora relativamente à qual teria sido suficiente separá-la; de fato esse comprometimento envolvia valores já alterados pelas amálgamas que se tinham formado. Ficamos longamente ligados a esse delicado trabalho de dissociação: ruptura entre a ordem cristã e a desordem estabelecida, revisão de nossas raízes da cultura, das doutrinas do trabalho, da propriedade, da autoridade etc.".[9]

Os valores não existem como suplemento da história, mas sempre tomados pelas amálgamas históricas; é na história que é preciso detetá-los e purificá-los porque nunca se encontram

---

[8] Ibid., p. 339.
[9] Ibid., p. 318.

em estado puro, mas sempre "comprometidos", "misturados", "já alterados". Só o engajamento pessoal poderá descobri-los.

2. No sentido do engajamento

O engajamento, ainda que central no pensamento de Mounier, não aparece facilmente em seus textos. Ele é o resultado de uma tomada de consciência: ao longo dos primeiros anos de "Esprit", em contato com os acontecimentos, o fundador da revista opera uma viragem, que inflete seu posicionamento público e seu pensamento.

Regressando em 1944 à análise da evolução da revista,[10] Mounier distingue cinco etapas: uma primeira (1932-1934) que qualifica sem piedade doutrinária, uma segunda (1934-1939) que define com "período do engajamento", uma terceira que cobre os meses de guerra, antes da derrota, uma quarta que foi a "época da clandestinidade aberta" (até 1944) e uma quinta, o pós-guerra, que não tinha verdadeiramente começado no momento da conferência.

A tentação da pureza

"Afirmávamos, diz Mounier a propósito da primeira etapa, a exigência revolucionária do espiritual em termos talvez ambíguos nesse tempo, mas historicamente válidos. (…) Neste período, encontro uma diferença em um aspecto particularmente

---

[10] Conferência reproduzida em BAEM, n. 29.

importante, o da política limpa, e esta diferença durou bastante tempo em 'Esprit'." E regressa à vontade de separar o espiritual, o reacionário e o espiritualismo: "Nossa novidade, no fundo, era o sermos uma revista e um movimento de inspiração espiritual e especialmente cristã que se afirmava como revolucionário".[11] E o autor repõe em questão também a possibilidade de um personalismo comunitário. Esta autocrítica de Mounier sobre os princípios da revista mostra certa desvalorização do conjunto dos textos de 1932-1934 retomados em "Revolução Personalista e Comunitária". "Quando procurávamos os métodos, estávamos sobretudo orientados para uma procura da pureza",[12] o que voltava a discriminar a ação política propriamente dita em virtude do "desprestígio do político". Eram valorizadas pelo contrário as ações de "testemunho e de ruptura",[13] os atos de denúncia e de protesto. Desenvolve-se ao mesmo tempo certo radicalismo revolucionário de que resulta, por exemplo, desde 1934, o reconhecimento da luta de classes como um fato que "foi imposto a nossa época, em grande parte, pelo capitalismo".[14]

Descoberta do engajamento político

O segundo período, para Mounier, é marcado por certa viragem filosófica devida a "um desenvolvimento de ordem interior (...) e à pressão dos acontecimentos exteriores". E atribui esta

---

[11] Ibid., p. 14.
[12] Ibid., p. 16.
[13] "Refaire la Renaissance", *op. cit.*, p. 285.
[14] Ibid., p. 264.

"viragem metafísica" a P. L. Landsberg. Estamos em 1934: Mounier reconhece que, no momento, o engajamento é insuficiente; o apoio à reação antifascista virá em março; de súbito denuncia o que havia de perturbador e já pré-fascista no motim de 6 de fevereiro. Recusa o mote "Nem direita nem esquerda", porque "à esquerda está o povo". No ano seguinte a invasão da Etiópia pela Itália fascista é condenada sem ambiguidade: "A indecente pirataria italiana, que hoje já nem procura pretextos para o envio de tropas, mostra que a justiça está do lado da Etiópia (...). O governo francês deve estar do lado onde se encontra o direito".[15]

O segundo engajamento importante é o da solidariedade com os republicanos espanhóis contra Franco, e este, em ligação com a grande maioria dos correspondentes de "Esprit" em Espanha. Landsberg, exilado em Barcelona, contribui com estes, e em primeiro lugar Semprun y Gurrea, para esclarecer Mounier sobre a urgência de um engajamento contra Franco ao lado dos republicanos. Este faz então a análise justa de que o primeiro perigo, ao deixar ganhar Franco, seria o de avançar para uma Europa totalitária. Além disso, do ponto de vista cristão, os franquistas prometem por certo um apoio à Igreja, mas para construir "uma Igreja abrigada à sombra das espadas", e, segundo Mounier, uma "Igreja sofredora é preferível a uma Igreja dominante e fascista". Mounier e sua revista lançam-se em um trabalho de informação e reflexão sobre a guerra lançada por Franco com o apoio de Mussolini e Hitler; e apresentam provas, nomeadamente, da participação da aviação alemã no bombardeamento de Guernica.

---

[15] "Esprit", juillet 1935, citado por M. Winock, *op. cit.*, p. 117.

Vem, enfim, a condenação de Munique em 1938, e Mounier lembra a publicação nessa ocasião de um jornal ligado à revista "Esprit", "Le Voltigeur", cujo primeiro número – fato simbólico – aparece sob a ameaça de uma interdição pela polícia, ao mesmo tempo que se grita nas ruas a notícia da assinatura de Munique. "Era preciso, insiste Mounier, denunciar o perigo da ameaça fascista em todos os planos, no espiritual e no nacional, e fizemo-lo com vigor no último ano."[16]

Um texto de 1934 intitulado "Por uma técnica dos meios espirituais" esclarece a significação dessa viragem. Mounier desenvolve aí um primeiro tema, o primado do espiritual; insistindo no fato de não defender um espiritualismo fechado à ação e, tratando-se de ação, de não excluir a força nem mesmo a violência. Procura, na realidade, superar a contradição entre a eficácia e a pureza.

O segundo tema é o da "revolução pessoal": se defende um engajamento, subordina tudo à realização da pessoa: "O primeiro meio espiritual não é uma tomada de consciência revolucionária sistemática, é o de aprender a ser pessoa".[17] Este objetivo defronta alguns obstáculos: "ídolos, arrebatamento da linguagem, pseudossinceridade, personagens, boa consciência, adesão superficial". A ascese pessoal do homem de ação exige certo despojamento, uma rejeição de mitos coletivos;[18] mas Mounier apressa-se a acrescentar: "Uma pessoa prova-se pelos

---

[16] Paralelamente, Mounier denuncia os processos de Moscovo e os campos estalinianos. Cf. "Les cinq étapes d'Esprit", BAEM, n. 29, p. 19.
[17] "Refaire la Renaissance", op. cit., p. 268.
[18] Ibid., p. 269.

engajamentos".[19] O engajamento distingue-se do "cartão do partido". O engajamento, enfim, deve eventualmente afrontar a morte: "Quanto à morte, um homem não é um homem se não há ao menos uma causa ou um ser que esteja disposto a acolher".[20] Mounier sublinha "a importância da fidelidade e da presença no mundo quando se fala de engajamento, procurando centrar a ação no testemunho e não no sucesso".

O terceiro tema, da exploração da técnica dos meios espirituais, procura novas formas de ação que, em nome do "desprestígio do político", afastam a ação propriamente política, que tem relação com a conquista do poder e a reforma das instituições: "Seria preciso estar na política sem ser da política".[21]

O acontecimento

A descoberta, que caracteriza a viragem do ano de 1934, é a da tomada de consciência de que há uma especificidade do político, distinta do espiritual, tendo sua consistência própria e suas urgências que não dependem da vontade das pessoas. Em seu comentário sobre esse momento de viragem no sentido da filosofia do engajamento, Jacques Le Goff sublinha três grandes novidades.[22] Antes de mais, Mounier abandona o ideal de um domínio pessoal da ação, em razão da descoberta da história e da influência do acontecimento. "Agora é

---

[19] Ibid., p. 270.
[20] Idem.
[21] Ibid., p. 276.
[22] Cf. Jacques Le Goff, "La pensée de l'action chez Mounier", BAEM, n. 66.

o acontecimento que chama e que de algum modo constrói a pessoa."[23] "O engajamento, escreve Mounier a Etienne Borne em 1941, consiste em ponderar o *hic et nunc* sobre a realidade que nos é dada e não em refugiar-se no absoluto deixando a história correr sem nós."[24] A "crise do ideal de transparência de e na ação"[25] decorre desta exterioridade do acontecimento e da imprevisibilidade da história. É a descoberta da "estrutura trágica da ação", regressaremos ao tema.

Esta tomada de consciência reflete-se nos temas tratados pela revista "Esprit": dossiês consagrados aos operários, à colonização, às questões militares, aos partidos... "E esta evolução traduz mais profundamente uma mudança da perceção da política, em si mesma, que tende a perder sua natureza puramente instrumental para ser reconhecida como realidade própria, específica, claramente distinta do espiritual, e irredutível a suas leis."[26] Desde 1935, Mounier chama seus amigos a comprometerem-se onde sua vocação os chame, sem excluir os partidos políticos.

Em "O que é o Personalismo?", publicado, lembremo-lo, em 1946, Mounier regressa dez anos depois ao "Manifesto ao Serviço do Personalismo". O fundador de "Esprit" declara: "Relendo, depois de dez anos cheios de acontecimentos, o autor não tem uma única linha a renegar quanto ao fundo";[27] mas sublinha uma vez mais a distância entre o "personalismo da pureza" dos primeiros anos e "o personalismo do engajamento" que se afirma depois

---

[23] Ibid., p. 7.
[24] Carta a Etienne Borne, de 21 de fevereiro de 1941, em "Mounier et sa génération, *op. cit.*
[25] A expressão é de Jacques Le Goff.
[26] "La pensée d'action chez Mounier", art. cit.
[27] "Écrits sur le Personnalisme", *op. cit.*, p. 311.

de 1934. Insiste nomeadamente no curso da história que coloca o cidadão diante da urgência da escolha que ele não pôde antecipar: "Quando recusamos o conforto das atitudes siderais, quando nos envolvemos nas situações e problemas de nosso tempo, as tendências da época levavam-nos no sentido das encruzilhadas que não definimos, obrigavam a escolhas incompatíveis com a solidão das posições puras".[28] Lembrando as grandes etapas de seus engajamentos, Mounier sublinha que, em cada momento, há sempre dúvida sobre a pertinência de uma opção política: "Havia sempre suficientemente boas razões do lado do adversário, bem como sinais de erro e fraqueza por parte de nossos aliados para perturbar nossa escolha. Isso aconteceu várias vezes. Tudo isso tornou muitas vezes esses combates como duvidosos. Agora que os dados estão jogados, os mal-entendidos ultrapassados, sabemos que escolhemos bem".[29] E Mounier desenvolveu seu personalismo do engajamento com tons pascalianos: "Embarcamos em um corpo, em uma família, em um meio, em uma classe, em uma pátria e não escolhemos".[30] A abertura da pessoa é aí descrita como interação ou combinação de um destino escolhido com uma liberdade que realiza uma vocação: "Em mim ligam-se as figuras encadeadas de um destino intenso e de uma vocação que é um desafio lançado a todas as forças do mundo".[31] O engajamento é apresentado mais longe[32] no texto, como a condição prévia a todo o acesso à verdade histórica.

---

[28] Ibid., p. 324.
[29] Idem.
[30] Ibid., p. 325.
[31] Idem.
[32] Ibid., p. 370.

3. O nascimento de uma filosofia do cidadão ativo

O imperativo do engajamento explica-se em Mounier por sua recusa em separar o corpo e o espírito. Esta dualidade é substituída pela tensão entre pessoa e indivíduo, que são os dois polos inseparáveis do ser humano. O indivíduo corresponde à dispersão do ser nas matérias, mas como ele é solidário da pessoa, torna necessário o engajamento. Recusar este levaria ao regresso da pretensão à independência do espírito, ao esquecimento de que o polo individual é inseparável do espiritual e de que tudo o que lhe diz respeito pesa sobre o destino do espírito. Esta bipolaridade pessoa/indivíduo permite explicitar o sentido da incarnação, assim como a urgência de assumi-la pelos engajamentos.

Mounier chega mesmo a escrever: "Uma pessoa prova-se pelos engajamentos".[33] A ação não é um suplemento de alma para a pessoa; esta não se define como "uma aposentação interior, um domínio circunscrito, ao qual viria encostar-se, do lado de fora, minha atividade".

Encontramos em Mounier uma verdadeira filosofia do engajamento que está estreitamente ligada a um pensamento da ação. O engajamento pode revestir diversas formas: é humano, ético, político, espiritual, segundo a dimensão da ação que domina. Mas nenhuma das formas de engajamento pode ser pensada de modo totalmente independente por referência às outras. Mounier concebe os engajamentos em sua globalidade, distinguindo-os e ligando-os ao nível de unidade pessoal

---

[33] "Refaire la Renaissance", *op. cit.*, p. 270.

de cada ser. Na linha de Péguy, Mounier é sensível à estrutura essencial do engajamento. Nossos engajamentos temporais são sempre já engajamentos espirituais e nossos engajamentos espirituais têm sempre uma inscrição temporal. São uma tradução no plano da cidade e da humanidade da encarnação, isto é, de nossa condição de seres sensíveis, feitos de carne e osso. E assim se aproxima neste ponto de um Merleau-Ponty.

Mounier inscreve sua intuição da unidade pessoal dos vários engajamentos na aceitação sem reserva da sociedade laica, na qual os cristãos devem participar com todos os outros. A Cristandade durou pouco, explica-nos o autor de "Feu la Chretienté",[34] e hoje está morta. O cristão deve colocar-se a serviço não de uma sociedade cristã a restaurar, mas de uma humanidade a realizar através da história. Que os engajamentos temporais sejam já espirituais não significa para Mounier um regresso à confusão entre a Igreja e a sociedade. O que está ligado na pessoa dá-se como separado na cidade. O fundador de "Esprit" é muito crítico relativamente ao princípio de um partido cristão e recusa vivamente todas as tentativas de clericalismo.

A influência de Landsberg

Encontramos nos textos de Mounier a preocupação constante de se pronunciar como filósofo e como cristão. Esta é a razão pela qual, tratando-se de problemas políticos, procura constantemente propostas e análises que os ateus poderiam

---

[34] "Feu la Chrétienté", in "Œuvres", *op. cit.*, t. III.

aceitar. Trabalha em posições comuns com uma preocupação de rigor filosófico, mas também sem nunca calar sua fé. Ao abordar o engajamento no pensamento e na vida de Mounier, é impossível não invocar Paul-Louis Landsberg. Marcado pelo pensamento de Max Scheler, membro da Escola de Frankfurt, Landsberg tem uma contribuição decisiva nesse aspeto.[35] A filosofia do engajamento de Mounier confirma e prolonga a de Landsberg. A fórmula de Mounier doravante torna-se célebre: "Só nos podemos comprometer em combates discutíveis e em causas imperfeitas. Recusar por tal motivo o engajamento é recusar a condição humana".[36] Subsiste assim, de modo inelutável, uma tensão entre a imperfeição da causa e "a fidelidade aos valores envolvidos". Mounier faz seu este postulado e não cessa de dialogar sobre este tema com Landsberg, mesmo depois da morte deste na deportação.

Landsberg teve um papel importante na tomada de consciência por parte de Mounier relativamente ao perigo totalitário, da mesma forma que um outro amigo, José Maria Semprun y Gurrea, faz-lhe compreender a necessidade de apoiar os republicanos contra *Franco*, em Espanha. A filosofia do engajamento de Mounier é, assim, inseparável das tomas de posição decisivas: 1934, a Frente Popular, a guerra de Espanha,[37] a oposição a Munique, a recusa radical do nazismo e do fascismo.

---

[35] Pode apreciar-se lendo "Problèmes du Personnalisme", Seuil, 1952. A recolha foi feita por Jean Lacroix, reeditada por Félin Poche sob o título "Pierres Blanches" (com introdução de Olivier Mongin).

[36] "Le Personnalisme", *op. cit.*, p. 105. Trad. port., cit., p. 163

[37] Ver o testemunho de seu filho Jorge Semprun, em "Emmanuel Mounier, Actuaslité d'un grand témoin", Parole et Silence, 2004.

Muitas vezes se criticou Mounier pela fraqueza de sua filosofia política. Mas este reclama-se mais de La Boétie, o amigo de Montaigne, do que de Maquiavel.[38] Não aborda a política do lado do poder, mas do lado do cidadão, não pelo topo, mas pela base. Um tal ponto de vista não perdeu atualidade, sobretudo em um momento em que nossas democracias sofrem de uma recaída individualista, de uma ideologia de direitos que neglicência os deveres. Reduzindo a cidadania ao voto, desvalorizamos o desenvolvimento de uma cultura de ação política coletiva. Mounier pode ajudar-nos a reconstruir um pensamento e uma cultura práticos do cidadão ativo, indispensáveis à sobrevivência da democracia. O mérito de Mounier é o de voltar a dar nobreza e sentido à ação política. Prolongando a fórmula de Landsberg, vê no engajamento uma condição de realização da pessoa, a consequência inevitável de nossa situação de ser histórico, lançado apesar dele mesmo na história.

Uma filosofia da ação

Para Mounier, o engajamento não pode ser separado de uma verdadeira filosofia da ação. "Uma teoria da ação, escreve em seu último livro 'O Personalismo' em 1949, não é apêndice ao personalismo, é seu capítulo central".[39] Depois

---

[38] Ver "Le Discours de la servitude volontaire" (Etienne de La Boétie), com estudos de Pierre Clastres e Claude Lefort, Payot, 1976.

[39] "Le Personnalisme", *op. cit.*, p. 96. Trad. port., cit., p. 151.

de um desenvolvimento sobre "as derrotas da ação" que nos conduzem a uma concepção mutilada desta, Mounier expõe o que designa como "as quatro dimensões da ação". Essas páginas são muito árduas, porque limitado pela urgência e pelos limites da obra, Mounier não terá tempo para desenvolvê-las. Não se trata, em todo o caso, como se disse por vezes, de uma tipologia das grandes formas de ação (a falta de ação política seria então surpreendente), mas das quatro componentes da ação humana.

Essas quatro dimensões são o *fazer*, orientado para a eficácia; o *agir*, que caracteriza a autenticidade ética; a ação *contemplativa* definida pela perfeição no serviço dos valores e na perspetiva da universalidade; e o caráter *coletivo* da ação, implicando os outros. Essas quatro dimensões, presentes em toda a ação, permitem a Mounier distinguir os tipos de ação segundo a dimensão que aí domina. Por exemplo, se à ação política corresponde o domínio da eficácia, isso não significa o desaparecimento de outras dimensões, mas antes um pôr dessas últimas sob tensão, útil, entre elas. Pelo contrário, na ação profética domina a preocupação do serviço dos valores e do universal. Mas, de cada vez, as diferentes dimensões devem estar presentes e, se uma é excluída, estamos perante a "derrota da ação". Daí a tensão necessária entre o político e o profético. Se ela desaparece "o profeta isolado regressa à imprecação vã, o tático afunda-se nas manobras".

A transcendência não está ausente dessa teoria da ação: assim, a tensão entre o profeta e o político, para continuar no mesmo exemplo, leva-nos a uma tensão entre o engajamento e a transcendência. A distância entre o profeta e o político cria um espaço disponível a todas as pessoas que "procuram seu lugar em um perpétuo circuito entre a zona de testemunho e a da eficácia".[40]

A impossível teoria

Quaisquer que sejam os problemas postos pela dominante e as tensões próprias a cada tipo de ação "estes problemas só são do vento fora de uma filosofia da transcendência, desde que esta transcendência esteja ligada a uma Existência suprema, modelo das existências ou somente uma superação significativa e orientada a partir do homem no sentido de um ele para além de si mesmo". Essa transcendência "está no coração do engajamento princípio de liberdade como ela está no coração da liberdade princípio de perpétuo engajamento".[41] É a transcendência que sustenta a relação entre o engajamento e a liberdade e que permite à liberdade comprometer-se. Iluminado pela transcendência, o engajamento não abafa a liberdade. Mas porque há a transcendência que leva à superação de si, a liberdade leva ao engajamento. Esta parte da transcendência na ação aparece em "O que é o Personalismo?" que tenta formular em 1946 uma apresentação filosófica do conjunto.[42] A ação nunca provém de uma teoria construída *a priori*: resulta da confrontação de "situ-

---

[40] "Qu'est ce que le Personnalisme ?", "le personnalisme de l'engagement", em "Écrits sur le Personnalisme", *op. cit.*, p. 335.

[41] Ibid., p. 336.

[42] Ver capítulo 2 de "Qu'est ce que le Personnalisme ?", "le personnalisme de l'engagement", em "Écrits sur le Personnalisme", *op. cit.*

ações de fato (...) cujo desenvolvimento nos escapa em grande parte". Em suma, sou sempre "um eu – aqui – agora – assim – entre estes homens – com este passado".

Isto tem como consequência que os engajamentos voluntários nunca são, a maior parte das vezes, que o regresso consciente de engajamentos passivos, com uma orientação nova. Acrescentamos que ação não pode sair de uma meditação voluntária, não pode resultar de uma utopia, mas impõe uma análise e uma compreensão do movimento da história". "Analisar diretamente o movimento da história numa experiência vivida e progressiva é o único meio de dirigir a história."[43] Por consequência, nenhuma ação é pura. Nenhuma teoria, nem mesmo o personalismo, determina *a priori* engajamentos políticos. Não há política personalista que decorra do pensamento personalista, porque o terreno político supõe, no plano prático, inventores. O mesmo se passa no plano espiritual.

Esse pensamento da ação conduz Mounier a sublinhar a importância do acontecimento, no qual se marca fortemente o imprevisto da ação. É por isso que o pensamento de Mounier se constrói na linha dos grandes engajamentos de "Esprit" no decurso dos anos trinta (Frente popular, guerra de Espanha, Munique e Segunda Guerra Mundial). Este pensamento da ação está confrontado com uma história incerta, privada da luz ilusória das utopias. Mounier ocupa-se com a ilusão que apresentam as representações globais que ocultam as situações históricas, e isto com as melhores intenções do mundo, uma vez que a utopia se alia à procura de pureza. Eis por que a utopia é apresentada

---

[43] Ibid., p. 327.

como um perigo para a ação: "O primeiro de todos (os perigos) era escorregar para a utopia, e de seguida para a ineficácia histórica. Não há apenas a utopia dos sistemas bizarros e das sociedades irreais. Há utopia quando a projeção histórica que esclarece a ação é produto de uma construção puramente conceptual, em lugar de ligar as exigências supra-históricas às situações históricas de fato, em que estas se devem inserir".[44] Para Mounier há exigências supra-históricas, como a pessoa, imperativo supremo, ou os valores, mas elas devem articular-se com as situações históricas concretas, que se nos impõem e que não podemos antecipar em uma teoria "cujo desenvolvimento nos escapa em grande parte". A utopia pode certamente revestir diversas formas: o sonho, o fatalismo do progresso ou da catástrofe, a abstenção, o justo meio... Mas mesmo se se parte de uma ideia justa sobre o homem, à utopia falta-lhe o real, a realidade histórica, e condena-se à ineficácia: "Analisar diretamente o movimento da história em uma experiência vivida e progressiva é o meio eficaz de dirigir a história".

Essa visão da história remete-nos para a ideia de Mounier sobre as relações entre a ação e o pensamento: "Uma ação razoável não é de início inteiramente pensada, suas modalidades são deduzidas em um segundo tempo dos princípios e dos esquemas pré-estabelecidos".[45] O pensamento constrói-se na ação: "Como regra comum, a teoria forma-se na experiência e por ela. Não há dedução imediata e certa de uma teoria elaborada para as formas de ação que daí podem emanar".

---

[44] Ibid., p. 188.
[45] Ibid., p. 328.

O conhecimento do engajamento

O personalismo não saberia ser tratado como uma teoria. "Não comanda necessariamente esta ou aquela forma de ação histórica. É por uma criação nova, diferente segundo o tempo e o lugar, podendo os inventores do político eventualmente dar-lhe um destino político." Mounier recusa qualquer sistema que pretenda deter *a priori* a verdade e que seja aplicável às diferentes situações históricas, às ações individuais e coletivas. Este limite inerente a qualquer teoria decorre do sentido da ação e do engajamento, que são por si próprios exploração da verdade: "Ora o conhecimento das coisas do homem e do mundo, na medida em que interessa ao homem, não se articula senão no engajamento que aceitamos com seu objeto. Esse conhecimento comprometido é a verdadeira objetividade, porque o espetacular, em matéria humana, dissolve o objeto em vez de o revelar".[46]

Mounier opõe assim um conhecimento no engajamento, que revela o objeto, a uma posição descomprometida na qual o objeto se dissolve, em uma observação à distância na atitude do espectador. O engajamento torna-se, com efeito, para Mounier a condição prévia a todo o acesso à verdade histórica: "A verdade, especialmente a verdade histórica, não se conhece a não ser em um compromisso vivido". A posição acima dos problemas, em uma pretendida neutralidade ou objetividade, é criticada como "sistema de cegueira". A verdade sobre as "coisas humanas (...) nasce de uma comunidade de destinos com

---

[46] Ibid., p. 329.

as preocupações, os problemas, os próprios erros daqueles cuja sorte partilhamos".[47]

Mounier analisa a dialética delicada do testemunho e da história: "Integrar em uma ação dialética sempre tensa e difícil o testemunho pelo absoluto e pelo engajamento na realidade histórica, promover a liberdade soberana das pessoas sem ir contracorrente relativamente à organização técnica das coletividades, integrar o espiritual sem o trair no imenso crescimento material do mundo moderno, propor-se esta tarefa não é dar-se a um caminho fácil".[48] Em "Totalité et Distance", Jacques Le Goff sublinha a importância para Mounier da encarnação do espiritual no político e o limite que o espiritual impõe ao político: "Na volta, o político encontra no espiritual, ao mesmo tempo que seu sentido último, o limite de suas pretensões demiúrgicas a erigir-se em lugar e instrumento de confirmação de um absoluto, chame-se ele Sistema ou Religião".[49] A necessidade do engajamento, não como consequência, mas como via obrigatória do conhecimento da sociedade e do movimento da história, torna-se um tema maior em Mounier depois da guerra.

4. Um pensamento do político

A reflexão sobre a democracia, sobre suas derivas e suas condições é constante em Mounier. "O Manifesto ao Servi-

---

[47] Ibid., p. 371.
[48] "L'inquietude de la liberté dans la France contemporaine", "Revue suisse contemporaine, octobre 1946, BAEM, n. 19, p. 10.
[49] "Esprit", janvier 1983, p. 12.

ço do Personalismo", publicado em 1936, não é como muitos outros textos, uma coleção de artigos dispersos no tempo. Publicado primeiro em "Esprit" em um único bloco de duzentas páginas, aparece em volume no fim de 1936. As duas primeiras partes regressam à pessoa e ao personalismo. A pessoa é abordada do ponto de vista dos obstáculos que lhe opõem as civilizações (burguesa, fascista, marxista). O personalismo é encarado como inspirador de uma civilização possível. A terceira parte do manifesto trata das "estruturas mestras de um regime personalista". Paremos no antepenúltimo capítulo – "A sociedade política" – que é a primeira síntese consagrada à democracia e ao sentido personalista da política.

Origem do totalitarismo

Mounier apresenta diversos aspectos que caracterizam as comunidades históricas: a pátria, a nação, o Estado. Aí evoca os desequilíbrios que podem intervir em suas relações. A sociedade elementar do indivíduo é a pátria. Mas "a pátria tende a ser uma sociedade fechada, cujo movimento próprio é o de se fechar sobre si mesma".[50] Quando "os sentimentos carnais que ligam o homem a seus próximos" se estendem à nação, esta torna-se nacionalista, "propõe-se como a comunidade espiritual suprema, ao mesmo tempo que como supremo concreto". Este "organismo biológico" alargado à nação é o traço significativo dos fascismos. Com estes o nacionalismo alia-se ao

---

[50] "Écrits sur le Personnalisme", *op. cit.*, p. 170.

estatismo: "Identifica finalmente a nação ao Estado". "Não há realidade, direitos anteriores ao Estado que este deva respeitar, nem Direito superior ao qual se deva submeter. Coincide com a sociedade: nada lhe é exterior, seja da esfera nacional, local ou privada. Dá-se a si mesmo a administração direta de toda a realidade nacional (...). Nenhuma soberania baseada na nação, nenhuma representação real daí resulta. Toda a autoridade é do governo e resulta do poder central, dos aventureiros que se apoderaram do Estado." O autor denuncia então o chefe, o monopólio da opinião, do partido do Estado, para concluir que "sua instituição fundamental não é a representação ou o controle, mas a polícia".[51] Mounier não se contenta em referir o regime fascista à Europa de seu tempo: "O cancro do Estado forma-se no seio de nossas democracias". E acrescenta mais adiante: "o estatismo democrático desliza para o Estado totalitário como as águas do rio vão para o mar". Duas coisas suscitam o receio de Mounier: a ditadura das maiorias, uma vez que nada evita que sejam protegidas no totalitarismo, e o igualitarismo que deslegitima toda a autoridade.

Essas páginas puderam fazer escândalo: desenvolvem com efeito uma análise da democracia na III República. O objetivo de Mounier é o de reagir contra "o descrédito no qual caiu a vida política hoje, junto dos melhores".[52] Mas a política

---

[51] Ibid., p. 172.

[52] Marcel Gauchet exprime uma clara consciência da situação crítica nas democracias em 1939: "Quem, em 1939, na Europa, teria apostado nas oportunidades dos lastimáveis regimes parlamentares ou burgueses? Esses formidáveis exércitos de servidão são uma recordação vaga". Em "L'Avenir de la démocratie", Gauchet faz desse período a primeira das duas grandes crises da democracia (cf. T. I, "La révolution moderne", Gallimard, 2007, p. 16).

em si mesma mantém sua dignidade e sua necessidade: "a vida pública" é do mesmo modo que a "vida privada" uma forma vital da vida pessoal.

A crítica que Mounier faz à democracia tem sua raiz na consciência de um risco maior: que esta prática degradada da democracia seja o caminho mais seguro para a chegada do totalitarismo. Na democracia parlamentar que observa Mounier não critica o princípio democrático em si, mas o uso que dele se faz. E o estado da opinião agrava seus receios: "Nosso sentido de democracia deve fazer-nos participar neste desgosto e levá-lo na direção de uma democracia verdadeira, ou, uma vez mais, gerará um fascismo".[53] Há na posição de Mounier a convicção de que a democracia na França está em vias de se desfazer logo que os totalitarismos vençam nos países da vizinhança: "Perguntar-nos-ão se somos a favor ou contra a democracia e respondemos: somos pela democracia que está por fazer, somos contra a democracia que se desfaz".[54]

O Estado

"A sociedade política", quinto aspecto do capítulo sobre as estruturas do regime personalista, avança algumas posições no sentido dessa democracia a fazer. Mounier não rejeita a pátria, nem a nação, nem o Estado. Mas a pátria como forma

---

[53] Extrato de um texto escrito depois de Munique, "Appel à un rassemblement pour une démocratie personnaliste", "Esprit", décembre 1938, BAEM, n. 60.
[54] Idem.

social é a mais instintiva", "nela se sobrepõem sociedades econômicas, culturais ou espirituais". Há um pluralismo de formas de sociabilidade e a natureza as reúne. A "comunidade espiritual personalista" é superior, mas ela "mantém-se como modelo longínquo de todo o desenvolvimento social".[55] "O Estado não é uma comunidade espiritual, uma pessoa coletiva no sentido próprio do termo, não está acima da pátria, nem da nação, e muito menos das pessoas. É um instrumento ao serviço das sociedades, e através delas, contra elas se preciso for, ao serviço das pessoas". E Mounier precisa que se trata de uma instância que arbitra entre os diversos lugares da sociedade (Mounier fala de sociedades), assegurando sua coordenação e sua coerência. Está submetido a duas limitações. No nível mais baixo, pela autonomia e pelo direito das pessoas e pelas diversas instâncias da sociedade; no nível mais alto: "o Estado é submetido à autoridade espiritual, sob a forma aqui competente da soberania suprema do direito personalista". Por "autoridade espiritual", Mounier não luta por um regresso ao poder religioso, mas quer marcar que, para ele, as iniciativas de ordem política têm um alcance espiritual. Mais adiante, diz claramente que se o Estado não é uma autoridade espiritual, o certo é que exerce um "serviço de ordem espiritual".[56] O Estado, precisa o autor, não deve escolher para as pessoas nem sua vocação, nem as vias que devem tomar. Encontramos aqui a distinção do espiritual e do temporal, e o princípio da laicidade. Mounier quer pôr acima do Estado uma instância, uma

---

[55] "Écrits sur le Personnalisme", *op. cit.*, p. 174.
[56] Ibid., p. 185.

espécie de Tribunal Supremo, escolhida entre as forças vivas da nação. Tudo isso está contido em um apelo a uma união para uma democracia personalista aparecido em conclusão de um dossiê sobre o pré-fascismo francês[57] no qual Mounier propõe "fazer em nossa democracia enfraquecida a operação cirúrgica necessária ser pôr em causa os fundamentos da verdadeira democracia".

Pessoa, comunidade, valores

Em um artigo de abril de 1949,[58] menos de um ano antes de sua morte, Mounier precisa sua conceção sobre a ideia democrática. Em vez de uma tipologia discutível das formas de democracia, Mounier prefere a análise dos três polos que definem e condicionam todas as formas do regime: "Descobrimos aqui um triângulo dialético que é a armadura de uma democracia viável, enquanto humanidade equilibrada. A filosofia política encontra a filosofia do homem e apoia-se nela. Cada vértice: pessoa, comunidade e valores é solidário dos dois outros. Chegamos a um delírio político se se rompe essa solidariedade". Se o acento é posto exclusivamente no primeiro vértice, isso conduz a uma ideia da liberdade definida "contra", isto é, de maneira puramente negativa, e reduzida ao horizonte do indivíduo. "A liberdade é uma das dimensões da demo-

---

[57] "Esprit", décembre 1938, BAEM, n. 60.
[58] "Réflexions sur la démocratie", publicado em "Cahiers de l'UNESCO", PHSW 6-20 avril 1949, retomado em BAEM, n. 41.

cracia. Se quisermos que seja a única dimensão, a democracia explode: é preciso juntar-lhe a exigência de uma coletividade organizada e a de uma ordem de justiça."[59]

Contra a ideia individualista da liberdade, Mounier encontra a tradição política anarquista, com Kropotkine, que qualificava o individualismo como "doença infantil" da anarquia. E cita Bakunine: "A liberdade dos indivíduos não é um fato individual, é um fato, um produto coletivo".[60] E ele aprova a fórmula deste mesmo autor: "Só sou verdadeiramente livre se os seres humanos que me rodeiam, homens e mulheres, são igualmente livres. (…) Não me torno livre, senão pela liberdade dos outros". Mounier retoma a sua conta essas análises insistindo na autonomia da coletividade. "Poder-se-á dizer que para eles a democracia é a liberdade coletiva, a liberdade individual só tem sentido na liberdade coletiva." Mas, insistindo demasiado no coletivo, poder-se-ia fazer desviar a noção de povo para uma ideia de "massa monolítica". Lembremo-nos de que Mounier descreve a sociedade totalitária como um bloco no qual o opositor é "um cancro a amputar", como uma sociedade que suprime as "distâncias" e engendra o terror. A dialética de Mounier é, assim, clara: o acento excessivo no segundo vértice do triângulo, o aspeto comunitário, destrói a pessoa: o coletivo, a que se refere, está nos antípodas da comunidade no sentido de Mounier.

O Mounier de 1949 vive atormentado pela perspetiva de a deriva totalitária poder realizar-se a partir da própria demo-

---

[59] BAEM, n. 41, p. 24.
[60] Ibid., p. 25.

cracia: "Os povos podem escolher democraticamente regimes antidemocráticos".[61] Em nome de quê os declararíamos antidemocráticos? "O direito do número, maioria ou unanimidade" não dispõe por si só de meios para impedir a deriva. Eis por que Mounier imagina um antídoto na dialética a três evocada acima: pessoa, comunidade, valores. "Processo de dissolução ou processo de unificação, vemos a democracia virar-se contra o homem, quando ela se apoia nas únicas exigências da autonomia individual ou da ordem coletiva." O terceiro vértice, o dos valores, contribui para o equilíbrio dos dois primeiros: "Parece-nos de primeira importância entender que a opinião democrática implica sempre uma escolha de valores, mais do que um combate decisivo ou um sistema de organização. A experiência indica que, perante o egocentrismo do indivíduo e o peso das coletividades, só pode funcionar suficientemente como contrapeso o movimento do homem no sentido de um mundo de valores, onde estejam implicados o aperfeiçoamento do indivíduo, a realização da comunidade dos homens e o domínio da natureza, no homem e fora do homem, condições das duas outras tarefas".[62]

No entanto, a opressão pode vir igualmente destes valores: "Quando o valor se imobiliza ou se endeusa, como aliás o indivíduo ou a organização, torna-se opressivo". Ele perverte-se quando se verifica o exclusivismo de um só valor: "A paixão da justiça a estabelecer pode levar não somente à suspensão, mas por vezes ao desprezo dos direitos do homem que não se

---

[61] Ibid., p. 27.
[62] Ibid., p. 28-29.

limitem ao direito ao bem-estar". O culto exclusivo da igualdade pode comprometer a justiça, como o culto da felicidade e o da liberdade.

O risco do Estado

Entre "a sociedade política" de 1936 e os textos de 1949,[63] há menos de quinze anos e uma guerra. É mais justo falar de um aprofundamento das orientações de Mounier mais do que de uma grande evolução. Os textos esclarecem-se uns aos outros e é ao "Esboço de uma teoria personalista do poder" que devemos a apresentação coerente do conjunto dos escritos políticos. Nestas páginas o conceito de Estado assume uma nova clareza; depois a filosofia aponta à questão central: podemos fundar legitimamente o poder exercido pelo homem sobre o homem? A interrogação está no pano de fundo da reflexão ao menos depois do "encontro" com Proudhon.

A definição do Estado leva-o ao direito, cuja origem vê na sociedade: "O Estado é a objetivação forte e concentrada do direito, que nasce espontaneamente da vida dos grupos organizados (Gurvitch). E o direito é o garante institucional da pessoa". Esta fórmula, em apoio a Gurvitch que Mounier estudava, pode ser aproximada do comentário que faz a propósito do último Proudhon:[64] "O último Proudhon está, como

---

[63] "Réflexions sur la démocratie", art. cit., e "Esquisse d'une théorie personnaliste du pouvoir", em "Le Personnalisme", *op. cit.*, segunda parte.

[64] Cf. "Anarchie et Personnalisme", in "Écrits sur le Personnalisme", *op. cit.*, p. 265.

sempre, pronto a nos apanhar quando viramos as costas, trazendo os temperamentos da inteligência aos excessos de sua fuga. Iremos nós até ao ponto de dizer, com ele, que o Estado não pode ter uma ideia sem se tornar tirânico, que não tem ser nem conteúdo, devendo restringir-se à simples forma do direito? Não, sem dúvida. Não entanto, é nesse sentido que devemos procurar a fórmula de um Estado que guarda sua finalidade sem se substituir às autoridades que tende constantemente a usurpar, quando não fazem apelo a seu poder. É nesta fronteira que é preciso dirigir o trabalho".

Na interrogação de Mounier sobre o poder do homem sobre o homem ecoa a pergunta de Proudhon: "Por que pretendeis reinar sobre mim e governar-me?"[65] A relação do poder do homem sobre o homem "parece contraditória com a relação interpessoal". Mounier concorda com os anarquistas por estarem conscientes disso mesmo. Mas se afasta deles tanto no "Esboço" como em "Anarquia e Personalismo", ao assumir o caráter inelutável do poder: "Anarquismo e liberalismo esquecem que, estando as pessoas inseridas na natureza, não podemos constranger as coisas sem constranger as pessoas".[66] A relação política não pode evitar a coação. O problema é então o de pensar a pessoa e o poder em certo equilíbrio, em que a pessoa alcança no mínimo "a inevitável alienação que lhe impõe a condição de governado".

Mounier sublinha a necessidade de proteger a pessoa contra os abusos. A limitação dos poderes é característica do Estado

---

[65] Proudhon, "Idée générale de la Révolution".
[66] "Le Personnalisme", *op. cit.*, p. 117. Trad. port., cit., p. 195.

de direito, dos direitos humanos, das garantias constitucionais, da separação de poderes e do equilíbrio do poder central e dos poderes locais. Em "Anarquia e Personalismo", o autor fala de um Estado pluralista: "Já não vejo qualquer diferença prática entre as fórmulas do Estado federativo e do Estado de inspiração pluralista, de que o personalismo por mais de uma vez desenhou a inspiração". Mounier não acredita, no entanto, no desaparecimento do Estado e em seu fracionamento para limitar os poderes.[67] "Deverá o Estado desaparecer? Será um dia o governo dos homens destruído pela administração das coisas? Podemos duvidar disso, dada a estreita fusão dos homens e das coisas e a crescente impossibilidade de as deixar andar à deriva. Pode o Estado renunciar a sua unidade? A exigência personalista julgou por vezes dever exprimir-se pela reivindicação de um 'Estado pluralista', de poderes divididos e afrontados para mutuamente se defenderem de abusos. Mas a fórmula pode parecer contraditória: seria preciso antes falar de um Estado articulado ao serviço de uma sociedade pluralista."[68]

Direito e poder

No fim do "Esboço", Mounier regressa à necessidade de coação como justificação do Estado e explicita sua concepção de pluralismo, entendido não como abandono da unidade do

---

[67] "Anarchie et Personnalisme", em "Écrits sur le Personnalisme", *op. cit.*, 266.
[68] "Esquisse d'une théorie personnaliste du pouvoir", em "Le Personnalisme", *op. cit.*, p. 120. Trad. port., p. 199.

Estado, mas como respeito indispensável do pluralismo *na* sociedade, o que justifica a obrigação do multipartidismo. Ao mesmo tempo: "Se esta pressão, precisa, torna o poder inevitável, está longe de o basear. Não pode ser baseado senão no destino último da pessoa".[69] Trata-se de garantir a liberdade da pessoa, "sua soberania de sujeito". E é o direito que garante a pessoa. E há um outro remédio contra o abuso do poder: é o reforço do poder pela autoridade, que o impede de se exercer como uma força nua e violenta.

A análise que Mounier faz do Estado deve assim ser completada pela concepção do poder feita em "Anarquia e Personalismo". Neste ensaio, depois de uma primeira parte que dá um enquadramento histórico da anarquia, Mounier propõe um longo desenvolvimento intitulado: "Autoridade e poder". À anarquia que vê o poder deslizar fatalmente para a opressão, Mounier opõe a seguinte ligação: "Para ser claro, seria necessário distinguir a autoridade fundamento do poder, preeminência de uma existência ou de um valor espiritual, do poder, instrumento visível da autoridade, tirando dela seu valor e a lei de seu exercício, não exclusivo de certa coação, ainda que com tendência, por finalidade espiritual, a purificar-se sempre mais completamente, e enfim o poder (*puissance*), como materialização do poder (*pouvoir*), resíduo do poder quando a autoridade se retira, como simples sinônimo da força".[70] Mounier vê em um poder que se liga à autoridade a possibilidade de reduzir a contradição entre a pessoa e o poder do Estado.

---

[69] Ibidem, p. 117. Trad. port., cit., p. 195.
[70] "Écrits sur le Personnalisme", op. cit., p. 244.

Esta questão encontra-se em "a sociedade política" – terceira parte do "Manifesto ao Serviço do Personalismo" –, na qual Mounier defende a autoridade legítima, orientada para o serviço das pessoas, como instância de limitação do poder: "O poder não é somente uma autoridade sobre o indivíduo, é um domínio que se arrisca a ameaçar em seu exercício a pessoa junto de seus subordinados e junto do chefe; por natureza, tende para o abuso, por natureza também é tentado a degradar-se de poder em prazer, por via da atribuição progressiva de mais honras, riqueza, irresponsabilidade e benefícios em vez de responsabilidade, em uma lógica de cristalização de casta".[71]

Como escapar à tendência natural do poder, a seu domínio, a seu crescimento, a sua inclinação para o prazer? Esta questão atravessa todo o pensamento político de Mounier. Daí resulta seu esforço para subordinar o poder à autoridade. Visa contê-lo por exigências espirituais, designadamente mantendo a pessoa como fim supremo. Mounier espera assim que o personalismo trabalhe para libertar a "elite espiritual, de modo a torná-la capaz de ter autoridade". Para ele, a qualidade da democracia repousa na qualidade dos homens que a animam. Não se pode contentar com o postulado segundo o qual a vontade geral seria necessariamente boa (como acredita Rousseau): "A vontade do povo não divina, nem infalível a julgar o interesse real do povo".[72] Entre a época de Rousseau e a de Mounier houve a experiência do totalitarismo.

---

[71] Ibid., p. 183.
[72] Ibid., p. 184.

Mounier refere-se à soberania popular, ligando-a à ordem do direito. Nunca será demais sublinhar a influência de Gurvitch e de Proudhon. Neste mesmo texto "a sociedade política", Mounier retém duas fórmulas de Gurvitch: "a luta contra os poderes" e "a soberania do direito sobre os poderes", para lhes atribuir uma posição central na "democracia personalista". E precisa "que não é o direito que nasce do poder, é o poder, elemento estranho ao direito, que deve incorporar-se no direito, para transformar-se em direito".[73] Esta insistência no direito encontra-se no "Esboço de uma teoria personalista do poder", em que a função mediadora do direito é claramente afirmada: "O direito, mediador entre as liberdades e a organização, prossegue, em uma série de evoluções, a realização coletiva das liberdades e a personalização contínua dos poderes".[74] Deve ser encontrado um equilíbrio entre a soberania popular e a soberania do direito, como se uma não se pudesse afirmar sem a outra, ou como se ambas estivessem misturadas uma com a outra. A soberania não é uma paixão: é racional, e isto graças ao direito. Mounier não concebe o povo como massa ou como mera adição de indivíduos fechados sobre si mesmos. A soberania emerge de uma sociedade de pessoas, passa pelo conjunto das formas de vínculo social, por todas as sociedades que compõem a sociedade. E é autoridade: quer dizer, instância legitimada pelo serviço das pessoas. E note-se a função estrutural do direito definido como mediação: sem o direito, a or-

---

[73] "Manifeste au Service du Personnalisme", em "Écrits sur le Personnalisme", *op. cit.*, p. 184.
[74] "Le Personnalisme", *op.cit.*, p. 118. Trad. port., cit., p. 196.

ganização arrisca-se a tornar-se fatal para as liberdades. Como discípulo de Proudhon, Mounier vê uma "efetivação coletivas de liberdades", apelando a uma evolução dos poderes mais de harmonia com a pessoa: a liberdade coletiva eleva a qualidade dos poderes.

Como é que a "iniciativa popular" se exprime sem o direito? "Por uma representação, tão sincera, integral e eficaz quanto possível, das vontades dos cidadãos."[75] A concretização de uma autêntica representação é um dispositivo necessário que pode assumir diversas formas. Os partidos políticos participam, e sua reforma torna indispensável um "estatuto dos partidos" para remediar seus defeitos. Se o pluripartidarismo é essencial, não basta. A democracia deverá suscitar "estruturas novas de educação e de ação política correspondendo a um novo estado social". A soberania pode também se exercer como pressão sobre os poderes: "manifestações, distúrbios, agrupamentos espontâneos, greves, boicotes e, no limite, insurreição nacional".

As quatro etapas que pontuaram este capítulo esclarecem o modo como Mounier equilibra o pensamento e a ação, o desafio antropológico dos valores e o fenômeno político, o engajamento e a teoria, necessariamente modesta.

---

[75] Idem.

III. O Espiritual e o Futuro do Cristianismo

1. Um filósofo do espiritual

Raros são, no século XX, os filósofos como Mounier que reconhecem um lugar ao domínio do espiritual, entendido como procura de um sentido último para a humanidade. O termo espiritual opõe-se em Mounier ao espiritualismo e ao idealismo, uma vez que está ligado ao sentido cristão da encarnação. Trata-se de dissociar o espiritual do reacionário porque, para ele, se o combate espiritual tem um sentido político, ele nunca se identifica com uma política. O espiritual exprime a capacidade do espírito para recusar a resignação relativamente ao mundo tal qual é. A pessoa como inseparável do corpo e do sensível incorpora o espírito. E é também o lugar do espiritual.

O projeto intelectual de Mounier é o de articular os dois registos filosófico e espiritual. Desde o primeiro grande artigo que dá o impulso inicial à revista "Esprit", "Refazer a Renascença", verificamos o lugar consagrado ao espírito. A palavra designa a pessoa, mas a realidade espiritual exprime-se como estilo de relação: ao lado da relação com os outros e com o mundo, há um terceiro vínculo de sociedade que é mais íntimo e "nos entrega à realidade espiritual". Na relação com eu mesmo, este elo consiste nomeadamente em um domínio, mas como relação com o outro, é desprovido de todo o poder, é espera e acolhimento. A relação com os outros pode tornar-se de ordem espiritual: caracteriza-se então como "realismo espiritual que recusa o idealismo e o empirismo. Supõe ultrapassar "a impotência de sair de si na ignorância mais radical da presença e do amor, a partir do mundo dos homens".[1]

O espírito relacional

Mounier analisa diversas etapas para a abertura do homem à "presença do espírito para além dele mesmo". Este esforço é "um meio mais seguro que as morais para o atirar para fora dele mesmo". O encontro caracteriza-se menos pelo contato (que "é relativamente cego para o que não é sua revelação local") do que pela distância espiritual (não confundível com o espaço). O espírito é relação, em sua essência; "ora, qualquer que seja seu objeto, matéria, amizade humana, realidade espiritual, nosso espírito não pode unir-se senão à distância". O mundo espiritual é "uma rede de distâncias que concordam e discordam, seres que trocam e por vezes entrechocam amores e luzes". Esta distância espiritual, este desvio, "atravessado pelo raio do espírito", permite a cada um, por um lado, "estirar-se

---

[1] "Refaire la Renaissance", *op. cit.*, p. 72.

para o alto de si mesmo" e, por outro, realizar "a união sem confusão" que reúne todos os participantes do espírito em um corpo universal".

A humanidade, no plano espiritual, é esta aptidão para uma união dos espíritos. Esta realiza-se em graus diversos que se distinguem pela "intensidade e qualidade deste sentido das presenças reais".[2] Mounier distingue o sentido do mistério do espanto, opondo-o ao gosto do misterioso e da aproximação da poesia: "o mistério é tão banal e universal como a poesia: sob cada luz, sob cada gesto (...). O mistério é a simplicidade, e a simplicidade do olhar da criança para a seara de trigo é a forma mais tocante de grandeza. Não é a ignorância solidificada, o medo projetado, é a profundidade do universo. (...) O mistério não vale pela obscuridade, como e crê correntemente, mas por ou contra ele, mas porque é o sinal difuso de uma realidade mais rica do que as claridades demasiado imediatas".[3] Ele assume sua dignidade da "presença que anuncia". A um grau superior "o mistério projeta atos". A experiência espiritual ganha valor de acontecimento, tema essencial para Mounier: que vê aí "a revelação do estrangeiro, da natureza e dos homens, e para alguns de mais do que o homem". Para Mounier, o progresso espiritual vai no sentido do acolhimento e do dom: "Não sou presente a mim mesmo se eu não me dou ao mundo, eis o drama. Não possuímos senão o que damos (...). E é preciso acrescentar: não possuímos senão aquilo a que nos damos, só possuímos se nos damos. (...) O sentimento do nada, que

---

[2] Ibid., p. 75.
[3] Ibid., p. 75-76.

duplica toda a vida centrada em si mesma, é a consciência da separação e de sua heresia espiritual".[4]

Não é excessivo falar de um "realismo espiritual" em Mounier, que este resume em uma fórmula quase levinassiana: "desenhamos insensivelmente sobre o espírito o rosto de uma Pessoa".[5] A experiência espiritual não é outra coisa senão a descoberta da pessoa, e o espírito realiza-se no rosto.

2. O futuro do cristianismo

Mounier não identifica a dimensão espiritual do homem com a fé cristã, mas classifica-se entre os poucos pensadores de seu século que agarraram a especificidade do espiritual cristão com o maior rigor. Desenvolve igualmente uma reflexão sobre o futuro do cristianismo, a partir de uma releitura de sua história. A este propósito, a obra decisiva é intitulada "Feu la Chretienté".

Feu la Chretienté

No último capítulo deste livro, Mounier examina como o cristianismo interveio na civilização, ele perscruta o sentido das relações entre cristianismo e sociedade. Por Cristandade, temos de entender uma espécie de idealização do que se pas-

---

[4] Ibid., p. 74-75.
[5] Ibid., p. 80.

sou no Ocidente a partir do século XI, em que o conjunto dos aspetos da civilização, da vida social e política estava unificado sob a inspiração e hegemonia da Igreja. É um momento de unidade completa entre o cristianismo e a civilização. E lembra que esta realização medieval é limitada, contrariamente a uma ideia recebida; em breve, diz-nos, "este dualismo da cidade cristã e da civilização profana é a condição mais comum até aqui do cristianismo no mundo".

No entanto, mostra que o projeto de construir uma civilização cristã, de mudar a sociedade, é ausente do cristianismo, nesses primeiros séculos em que, todavia, conheceu uma expansão extraordinária. Com Marrou, Mounier sublinha que os cristãos das origens vão à escola onde se ensinam os deuses romanos, eles não fundam, no princípio, escolas cristãs. Não lançam um movimento contra a escravatura, mas, concretamente, recusam a escravatura para o que lhes diz respeito. Não condenam as armas, mas professam o "não matarás". No século V, a indissolubilidade do casamento não está ainda na lei. Esta indiferença à ideia de criar uma civilização cristã não se explica pela espera de um próximo fim do mundo que a justificaria, uma vez que ela persistirá depois da viragem constantiniana – quando depois da conversão do imperador Constantino, o cristianismo se torna religião do Império, criando interferências entre o temporal e o espiritual.

Contudo, diz Mounier, os cristãos não rejeitam a história, e assume ideias de Péguy a propósito do espiritual e do temporal: "Não temos de trazer o temporal ao espiritual. Ele já aí está. Nosso papel é de fazê-lo viver aí, propriamente de comungá-lo. O temporal, por inteiro, é o sacramento do Reino de Deus".[6] Mestre Eckart, acrescenta, "levava a audácia da fórmula até dizer que o corpo foi dado à alma para purificá-la". Mounier insiste: "Há no cristianismo um imperativo de presença no temporal, religião da imitação universal do Cristo incarnado, o cristianismo pede uma presença ativa em tudo o que é temporal". Como explicar esta aparente contradição entre a falta de um projeto cristão para a civilização e a exigência absoluta de incarnação?

Mounier interroga-se então sobre a maneira pela qual a exigência de incarnação se exerce por relação com a civilização, sem o desígnio de torná-la cristã. A influência da fé é lateral, indireta, enviesada. É a fé que é ativa, não o poder da Igreja. Assim, a fé não perturba as instituições romanas, mas a recusa absoluta do culto de César, da idolatria do Imperador, é o grão de areia que, a prazo, desestabilizará o Império. A fórmula pela qual Jesus reconhece a autoridade do poder civil: "Dai a César o que é de César e a Deus o que é de Deus" (Mt 22,21) fará seu caminho até à confusão político-religiosa.

Cristianismo e civilização

Mounier fala de um efeito de dissociação do cristianismo, que parece essencial, com o efeito "de enviesamento" ou de ricochete, para compreender como o cristianismo marca as civilizações que não cria. Encontramo-lo no "Curto Tratado da

---

[6] "Feu la Chrétienté", *op. cit.*, t. III.

mística de esquerda"[7] (1938), no qual Mounier afirma: "Temos procurado dissociar o cristianismo de uma desordem estabelecida, a fim de que os cristãos possam restaurar os valores cristãos em sua integridade e em sua fecundidade revolucionárias". Mounier explica-se igualmente sobre a expressão "de viés" em 1948:[8] "Nos setores mais lúcidos da consciência cristã, compreende-se hoje que se o mesmo Deus é o Deus incarnado e o Deus silencioso da história, o Deus inefável da contemplação, a presença do cristianismo no mundo deve ser a sua imagem: total mas discreta e indireta. (...) Ser cristão, é talvez apagar-se sob certa transparência mais do que se esforçar relativamente a demasiadas evidências". Outros exemplos são elucidativos. Assim as discussões sobre a Trindade e as Pessoas divinas produzirão efeitos do lado do valor atribuído à pessoa humana. Assim, a manutenção da dupla natureza de Cristo, que é o sentido da incarnação, terá como consequência que os homens se virarão para o conhecimento e para o domínio deste mundo concreto: "A civilização europeia não fugirá deste mundo". E Mounier assinala: "Assim, o cristianismo traz mais às obras mais exteriores dos homens quando acredita na intensidade espiritual do que quando se perde na tática e no ordenamento".[9]

A Cristandade apoia-se em um erro: "Os teóricos da Cristandade Césaro-papista acreditaram que a fé lhes pedia para organizarem o mundo em Deus. O problema é o

---

[7] Œuvres, op. cit., t. IV, p. 48.
[8] "Tâches actuelles d'une pensée d'inspiration personnaliste", "Esprit", août 1948, BAEM, n. 31, p. 29.
[9] "Feu la Chrétienté", op. cit., p. 253.

de saber se não é ao menos tão importante, e mais conforme com o ensinamento evangélico, desorganizar o mundo em Deus, quero dizer, torná-lo mais transparente para Deus, quando os inevitáveis pesos de seu ordenamento vêm sem cessar intrometer-se ocultando Deus". E, insiste Mounier, a incarnação impede-nos de dizer que "o cristianismo nada tem a fazer com as civilizações", mas sua ação "não é diretamente orientada à obra da civilização". É antes questão de ajudar à realização última da humanidade; através do melhor de uma civilização há um acesso possível ao sentido último da humanidade.

O afrontamento cristão

Para ser exaustivo, seria necessário mencionar os textos nos quais Mounier se interroga sobre o cristianismo contemporâneo. É aí que surge a questão mais grave que deve afrontar o cristianismo. Este, ao longo dos últimos séculos, integrou-se de tal modo bem na civilização ocidental que foi contaminado por seu enfraquecimento. A confusão entre cristianismo e civilização é por certo inevitável, como sendo um "tributo da incarnação histórica do cristianismo". Mas o momento presente é o de uma decadência conjunta: a do cristianismo e a da civilização. A crise é interna ao cristianismo: não se refere à essência da mensagem cristã, mas ao mundo cristão tal como se tornou. "É o meio da refração histórica que se designa como meio cristão: as exigências da fé cristã misturam-se de modo mais ou menos impuro com a substância da época."

Em "O Afrontamento Cristão",[10] Mounier entabula um diálogo com Nietzsche e outros filósofos do século XX. A troca reporta-se à qualidade dos tipos humanos que se formam em uma civilização ou espiritualidade. E Mounier põe em causa o homem cristão, pede ao cristianismo para criar um tipo de homem mais incarnado na mensagem evangélica. O anticristianismo de Nietzsche aparece a Mounier como o mais consistente, e por isso é aquele que o cristão deve afrontar. A questão é apenas de saber se o cristianismo saberá responder: "à mais dura das perguntas que o sacode: não somente um chamamento das razões, uma vitória dialética, mas uma superação real que envolve, dissolve e transfigura na fé vivida a angústia depositada por Zaratustra na consciência contemporânea".

A uma visão fácil, instalada, conformista, do cristianismo de seu tempo, Mounier opõe o sentido do trágico da condição humana, sem ceder a um recuo no desespero. Ele defende um cristianismo amigo da virtude da força, mas não violento. E assume a interpelação nietzschiana: "só permito aos homens bem-sucedidos filosofar sobre a vida". Isso o conduz a pôr em causa a educação cristã e a defender uma educação em que todas as virtudes deveriam estar subordinadas "à caridade que liberta um escravo e alarga uma vida".

No primeiro capítulo de "Feu la Chrétienté", "A agonia do cristianismo" (escrito em 1946), Mounier evoca os problemas da Igreja em sua relação com a civilização contemporânea. Para ele o problema não é o do que a Igreja perdeu, a saber, as funções na cidade que não lhe são essenciais. O fundo do dra-

---

[10] "L'Affrontement Chrétien", *op. cit.*, p. 55 ss.

ma é a incompreensão: uma vez que, para a Igreja, "o mundo perdeu a chave de sua língua e a Igreja perdeu a chave da língua dos homens". Resta ao cristão agir como um mediador: "E como hoje o dicionário que permitiria o diálogo entre a Igreja e o mundo se perdeu, o cristão tem a tarefa humilde de refazê-lo".[11] A importância é aqui a da humildade. Assim, é preciso reconhecer que há valores autênticos que se forjam fora do cristianismo: "liberdade, justiça, tolerância, democracia, sentido coletivo, evidência experimental, progresso...". O escândalo não está em seu nascimento fora do mundo cristão, mas que o cristianismo "como grupo social histórico não tenha colaborado em seu nascimento" e resiste a assimilá-los. O mundo cristão não é o cristianismo: há uma tábua de valores suscetível de mascarar os verdadeiros valores do cristianismo. Mounier recomenda aos cristãos que abandonem o direito de posse anterior sobre os valores. O mundo cristão "terá bem mais hoje a assumir (corrigindo sem dúvida) do que a incarnar".[12]

"Se o extremismo cristão não se encontra quase nunca com o extremismo da utopia, precisa Mounier, é porque é também um extremismo da incarnação a todo o preço, que escolhe sempre no real e pelo real."[13] Há em Mounier um esclarecimento recíproco e constante entre a incarnação como exigência cotidiana e histórica e a figura do Verbo incarnado: "A incarnação não é uma data ou um ponto; mas um lugar da história do mundo, sem limite no espaço e no tempo".

---

[11] "Feu la Chrétienté", *op. cit.*, p. 542.
[12] Idem.
[13] "L'Affrontement Chrétien", *op. cit.*, p. 114.

E Mounier continua a ver na religião do Verbo incarnado o apoio mais sólido para o que descobre ser o pensamento por ele mesmo: "que a condição humana seja a condição de um ser incarnado".[14] O espiritual desencarnado é tipicamente a marca de uma civilização em decadência.

O engajamento cristão e o engajamento temporal estão, em Mouinier, a serviço da mesma história: "Não há duas histórias estranhas uma à outra, a história sagrada e a história profana. Há uma só história, a da humanidade em marcha para o reino de Deus, 'História Santa' por excelência, mas estendida entre os dois polos, um sobrenatural e outro temporal, com os estados limites em torno de cada um deles e com uma composição infinitamente variada entre os dois".[15] Não há ruptura entre os dois polos, nem muito menos confusão. O cristianismo está inevitavelmente na história, sempre estendido entre dois polos: "O cristão é alguém para quem o reino de Deus já começou, entre nós e por nós. É porque a história não é um farsa, nem um drama sem finalidade, mas uma divina comédia duplicada por uma divina tragédia".[16]

3. Um cristianismo vivo

Para Mounier, o texto escrito tem muitas vezes a vibração da palavra. Quando fala da fé, é sempre a partir da existência

---

[14] "Refaire la Renaissance", *op. cit.*, p. 494.
[15] "Feu la Chrétienté", *op. cit.*, p. 703-704.
[16] Ibid., p. 704.

cristã, não no ponto de vista falsamente neutro do teórico ou do sábio. Isso é ainda mais evidente na correspondência:[17] à questão de saber o que o faz viver, Mounier entrega-se sem hesitações, e podemos ver aí uma existência profundamente impregnada pela fé. Toda a vida espiritual se manifesta nas letras e no que designa por "encontros".

Mounier testemunha ao longo de seu itinerário este apelo íntimo que o cristão sente ao mesmo tempo que descobre o espaço que o separa da santidade. Ele que havia adquirido uma extraordinária cultura psicológica e que tinha analisado as condições que sempre pesam sobre a liberdade, fez a experiência dessa transcendência íntima ao próprio homem que é a escolha espiritual.[18]

Evoca com muita lucidez esta intimidade do coração do homem acessível só a Deus: "A consciência própria do interessado pode recobrir o segredo até à plena luz que se seguirá imediatamente à morte, de um nevoeiro cego a seu próprio olhar espiritual".

Mounier tenta formular os problemas que encontram os cristãos de seu tempo. "Parece, diz-nos a propósito do pecado, que os homens podem ser divididos em duas espécies de doentes: os doentes da inocência e os doentes da culpabilidade." Os segundos são muitas vezes denunciados, mas os primeiros, os doentes da inocência, são atacados do mal do século. Para escapar a essas duas derivas, Mounier refere-se ao "sentido de

---

[17] "Mounier et sa génération, *op. cit.*

[18] Lembremos que é o autor de um "Traité du Caractère", notável suma antropológica, demasiado pouco estudada. "Oeuvres", *op. cit.*, t. II.

estar perante Deus", que escapa à falsa inocência e à culpabilidade. Esta análise da existência cristã conduz a evocar a "tensão trágica" da fé que lhe parece caracterizar especialmente o catolicismo, porque guardou dentro de si, até à contradição, os elementos que seríamos tentados a alijar: "a infinita transcendência de Deus e (…) a universalidade profunda do pecado".[19] Trata-se, precisa Mounier, de seguir uma linha "para não escorregar nem para o cristianismo idílico do Vigário de Saboia (Rousseau), nem para o cristianismo desesperado de Calvino e Jansênio. Em uma linha demasiado alta, o Deus transcendente escapa-nos, o trágico desvanece-se com a esperança, do mesmo modo que o patético do engajamento livre e do futuro aberto. Em uma linha demasiado baixa, o universo profundamente ferido da existência pós-adâmica dilacerada em sua intimidade, mas com todas as suas feridas efervescentes de liberdade, inundada de graça, torna-se um mundo espiritualmente morto e passivo sob os decretos divinos".[20]

Mounier tenta equilibrar os grandes mistérios que estruturam o catolicismo: a incarnação, a redenção e a ressurreição. Desenvolve, por exemplo, uma perspetiva de incarnação do cristianismo centrada no apelo a estar presente no mundo e na necessidade de ter em conta "a carne da história", "o refazer uma perspetiva carnal para salvaguardar sua própria eternidade; é aí que se encontra o ofício perpétuo dos princípios cristãos".[21]

---

[19] "L'Affrontement Chrétien", *op. cit.*, p. 41.
[20] Idem.
[21] "Révolution personnaliste et communautaire", in "Refaire la Renaissance", *op. cit.*, p. 338.

Um dos méritos do pensamento de Mounier, e não dos menores, está no fato de ter articulado o engajamento social, o engajamento político e o engajamento cristão, sem subestimar os riscos espirituais do engajamento temporal. Mas sente que esta proximidade faz correr um perigo mútuo, nomeadamente quando um se toma pelo outro ou quando os dois se confundem. Mounier lembra que "indiscutivelmente nem a doutrina de Cristo nem a da sua Igreja justifica a exploração do religioso para fins políticos".[22] Eis por que, paradoxalmente, Mounier é um verdadeiro pensador da laicidade, designadamente contra as políticas sem escrúpulos que instrumentalizam a fé e a religião.[23]

Consciente das imperfeições da Igreja do fim dos anos trinta em Vichy, Mounier resiste à fatalidade do maniqueísmo, provavelmente demasiado consciente de suas próprias defecções, para se erigir em juiz: "A mim se pedia recentemente para tratar em público esta questão: por que sou cristão? Respondi que a primeira pergunta, a pergunta espontânea do cristão, é 'Em que medida não sou eu um cristão?'". Trata-se de devolver ao crente uma pergunta provavelmente sem resposta, a uma interrogação sobre o escândalo de sua infidelidade.

---

[22] BAEM, n. 29, texto sobre a política confessional.

[23] Como sublinha Jean-François Petit in "Philosophie et théologie dans la formation du personnalisme d'Emmanuel Mounier" (Le Cerf, 2005), o propósito de Mounier nunca foi propriamente teológico, e não deixou de tomar suas distâncias relativamente à ideia de uma filosofia cristã.

Conclusão
Uma Filosofia da História

Em um texto muito importante datado de 1948 e intitulado "Tarefas atuais de um pensamento de inspiração personalista",[1] Mounier precisa seu pensamento da história. Recusa a ideia de um mundo simples e "quase harmonioso" (Aristóteles e Leibniz), a ideia de uma "evolução infalivelmente triunfante" da história (Spencer e Condorcet) e a ideia de um mundo absurdo (Sartre). Às visões lineares ou rígidas da história, Mounier opõe um curso caótico no qual os progressos são seguidos de recuos ou de catástrofes, um sentido da história incerto quanto a sua realização. "Há um sinal de uma obscura vocação humana e sobre-humana, através de uma história dramática feita de emergências e quedas, de iluminação e solidões, cuja unidade ainda desconhecida se opera pela divisão e pela luta, *ad augusta per angusta*.[2] Para um tal mundo, Mounier desenha uma lógica histórica a sua margem, "Acidentada

---

[1] BAEM, n. 31, p. 35.
[2] Que poderemos traduzir como "para os cumes através de caminhos estreitos". "Esprit", août 1948, BAEM, n. 31.

mas progressiva". É um pensamento necessariamente dialético, em que as contradições e os conflitos animam o curso da história, no qual "a tensão dos contrários" é essencial, no qual a "ambivalência das situações" é constante. O autor refere-se a Jaspers e a seus "paradoxos dialéticos", "uma vez que o pensamento não leva ao desespero lógico, mas reforça-se através da revelação do ser". Para Mounier, nas ciências como na filosofia, não se conhece um caminho contínuo para a claridade, mas uma multiplicação de pontos obscuros e clarificações.

Mounier opõe-se às formas tradicionais do pensamento dialético e às aplicações que dele se faz comumente. Mas reivindica para o personalismo uma nova forma de pensamento dialético. Uma "crítica da razão dialética", considera ele, deve suceder à crítica da razão pura. Esta razão dialética caracteriza-se por tensões que é preciso identificar e trabalhar. Quem governa todas as outras formas é uma tensão entre "os valores absolutos e o movimento dialético das realidades históricas". Em breve, o autor identifica uma tensão permanente entre os valores e as realidades históricas atravessadas por conflitos e descontinuidades.

Esta dialética histórica recusa a síntese: Mounier mantém-se fixado nesse ponto na visão proudhoniana da história, uma perspetiva que se afasta a um tempo de Hegel e Marx. Estes recusam ver que "o mundo moral e o mundo físico repousam em uma pluralidade de elementos irredutíveis e antagônicos, e que é da contradição desses elementos que resulta a vida e o movimento do universo"[3] (Proudhon). Eis por que

---

[3] Citado por Jean Lacroix, "Marx et Proudhon", "Esprit", mai-juin 1948. Conclusão do dossiê: "Marxisme ouvert contre marxisme scolastique".

Mounier recusa o "pessimismo reacionário que fixa a humanidade no insucesso" e o otimismo progressista "que desconhece por vezes o comprimento de onda da história". E assim defende um "otimismo de grande escala sobre o futuro da humanidade, dramatizado por um sentimento de risco sempre corrido, e da catástrofe sempre possível". Este otimismo "não exclui uma consciência realista da lentidão da história e do mistério".[4]

É por isso a uma visão de longo prazo que nos incita Mounier quando descreve esta como marcada por três grandes etapas, que por uma boa parte coincidem. Em uma síntese próxima de Teilhard de Chardin, Mounier descreve uma primeira longa fase da história que vê a emergência da primeira dimensão da pessoa: o corpo, a incarnação. A segunda é a formação da humanidade como unidade coletiva, é a dimensão da comunicação que abre para a comunidade. A terceira etapa na progressão da história para a pessoa, faz aparecer a transcendência. As duas primeiras instalam a historicidade, a terceira faz aceder a um "trans-histórico".[5]

O debate interrompido de Mounier com o comunismo, depois da guerra, não trouxe qualquer inflexão no sentido da teoria marxista da história. Os desenvolvimentos de Mounier sobre a utopia e a teoria, sua visão de uma história não escrita à partida, não antecipável, tornam-no insensível à escatologia marxista. Se em sua última obra, "O Personalismo", Mounier dá como título à segunda parte "O personalismo e a revolução

---

[4] BAEM, n. 31, p. 33, texto de 1948.
[5] Ver "Le Personnalisme", *op. cit.*, capítulo 1 e BAEM, n. 31, p. 33.

do século XX", a palavra revolução só aparece no título. Não é possível para ele determinar *a priori* o processo que porá em prática o socialismo que ele espera: "Pertence ao futuro sabermos se essa obra será realizada aos bocados ou em bloco, rápida ou lentamente, diretamente ou por intermédios caminhos".[6] Mas será obra dos próprios trabalhadores, dos "movimentos operários e camponeses organizados, juntos com as frações lúcidas da burguesia". Em um texto essencial para compreender sua concepção da história,[7] Mounier precisa sua posição por referência a Marx. Recusa as tomadas de posição que se dispensam de um exame aprofundado do contributo e dos limites do marxismo. Mounier verifica com pena que "a revolução socrática do século XX" quebrou-se em duas correntes opostas: Kierkegaard e Marx. A palavra "socrático" significa aqui um regresso à solidariedade do pensamento e da realidade que Mounier considera em Kierkegaard como retorno à realidade social. No plano teórico, a influência de Marx sobre Mounier é negligenciável; no plano prático, recusa o anticomunismo, com a negação da luta de classes que o acompanha, porque em 1950 o PCF é o partido da classe operária.[8]

As grandes utopias estão hoje mortas; o que não é muito grave para Mounier porque seu socialismo não tem utopia. Para além da morte das utopias, e mesmo do marxismo, a obra de Mounier mantém a capacidade de alimentar uma cultura

---

[6] "Le Personnalisme", *op. cit.*, p. 112. Trad. port., cit., p. 185.

[7] "Tâches actuelles d'une pensée d'inspiration personnaliste", BAEM, n. 31.

[8] "Na perspetiva de Montreuil ou de Clichy, a armadura dos reprovados é a única que conta a seus olhos, a única esperança de seus dias. Montreuil não é infalível, mas Montreuil está no coração do problema: recusamos a abstração que omite o ponto de vista de Montreuil", "Esprit", février 1950, citado por M. Winock, *op. cit.*, p. 380.

da recusa da desordem estabelecida. As grandes teorias da revolução estão talvez mortas, mas a obra de Mounier funciona como uma teologia negativa. Esta, explora, na história cristã, o que Deus não é e o que não pode ser na história dos homens, dá os meios para pensar, na política, na história, na economia, o que é urgente recusar.

No tempo do marxismo triunfante, a posição de Mounier podia, por comparação, parecer fraca. Que se reclamava dele não dispunha como o marxista de um esquema preciso sobre as vias de acesso a uma sociedade definitivamente boa. Hoje, a falta de utopia em Mounier, que deixa intacta a filosofia negativa da história, torna-se a marca do poder e de sua capacidade de construir uma filosofia da história incerta.

Bibliografia

As obras foram publicadas em quatro volumes por Éditions du Seuil (1961-1963), mas infelizmente não foram reimpressas.

Todos os artigos de Emmanuel Mounier publicados em *Esprit* de 1932 a 1950 estão disponíveis em DVD, em "La collection intégrale d'Esprit, 1932-2006", Éditions Esprit, 2008.

Obras disponíveis de Mounier

Le Personnalisme, coleção "Que sais-je?", PUF, 1949, constantemente reimpressa, 17ª edição em 2005. Cerca de 200 mil exemplares vendidos.

Écrits sur le personnalisme, coleção "Points Essais", Le Seuil, 2000. Prefácio de Paul Ricoeur.

Refaire la Renaissance, coleção "Points Essais", Le Seuil, 2000. Prefácio de Guy Coq.

(Esses dois volumes retomam uma grande parte dos textos do tomo 1 das *Obras* publicadas por Seuil.)

Mounier et sa génération, lettres, carnets, inédits, selecionados por Paulette Mounier, Le Seuil, 1956. Reedição Parole et
Silence, 2000.

L'Engagement de la foi, textos selecionados por Paulette
Mounier, coleção "Livre de Vie", Le Seuil, 1968. Reedição Parole et Silence, 2005.

L'Affrontement chrétien, La Baconnière/Le Seuil, 1945.
Reedição Parole et Silence, 2006.

L'Éveil de l'Afrique noire, Le Seuil, 1947. Coleção "Petite
Renaissance", Presses de la Renaissance, 2007. Introdução de
Jean-Paul Sagadou e Jacques Nanema.

L'Intégrale des entretiens de Mounier, Fayard/Le Seuil, outono 2009.

Sobre Mounier

Michel Winock, *Histoire politique de la revue Esprit (1930-
1950),* Le Seuil, 1975. Edição revista sob o título *Esprit. Des
intellectuels dans la cité, 1930-1950,* coleção "Points Histoire",
Le Seuil, 1996.

Gérard Lurol, *Emmanuel Mounier,* Éditions universitaires, 1990. Reedição L'Harmattan, 2000.

Paul Ricoeur, *Lecture 2,* Le Seuil, 1992. (Dois grandes artigos sobre Mounier.)

Jean-François Petit, *Penser avec Mounier. Une éthique pour
la vie,* Chronique sociale, Lyon, 2000.

Esprit 1940-1941: reedição dos números publicados sob

Occupation, com um estudo crítico de Bernard Comte, Éditions Esprit, 2004.

Guy Coq (org.), *Emmanuel Mounier, actualité d'un grand témoin*, Parole et Silence, 2004 e 2006. Dois volumes que contêm todas as contribuições para o simpósio organizado por AAEM para a Unesco em outubro de 2000.

Goulven Boudic, *Esprit 1944-1982: les métamorphoses d'une revue*, Editions de l'IMEC, 2005.

Jean-François Petit, *Philosophie et théologie dans la formation du personnalisme d'Emmanuel Mounier*, Le Cerf, 2005.

Jean-François Petit e Rémy Vallejo (org.), *Agir avec Mounier, une pensée pour l'Europe*, Chronique sociale, Lyon, 2006.

Glossário[1]

Para uma melhor compreensão da vida, da obra e da trajetória existencial de Mounier, é indispensável conhecer seu estilo de filosofar. Guy Coq com razão denomina Mounier o "Sócrates do século XX". Homem do diálogo e do engajamento nos acontecimentos de seu tempo. Um filósofo que podia ter feito uma carreira brilhantíssima na Universidade. Verdade é que, após amargas decepções com o tipo de ensino da filosofia na Sorbonne de seu tempo, fez a opção de percorrer, na pobreza e na insegurança, o caminho dos desafios teóricos e práticos do dia a dia da história de seu tempo. Um filosofar "extra muros", sem perder de vista a elaboração de um pensamento crítico e engajado. Pode-se, pois, sintetizar os conceitos axiais de sua proposta filosófica nos seguintes termos: Pessoa e comunidade, o acontecimento e o engajamento. Em uma carta a Domenach, Mounier: "O acontecimento será nosso mestre

---

[1] Professor Alino Lorenzon é Doutor em Filosofia pela Universidade de Paris-X, com a tese *Personne et commnauté dans l'oeuvre d'Emmanuel Mounier*, foi Professor de Filosofia da UFRJ e UERJ, é autor de diversos trabalhos sobre Mounier e Membro da Association dês Amis d'E. Mounier e do Centro Ricerche Personaliste da Itália.

interior" (*Oeuvres*, T. IV, p. 817). Este glossário foi elaborado tendo em vista sobretudo o leitor brasileiro. Dificilmente o alcance do filosofar e do testemumho de vida de Mounier seria compreendido se o mesmo não fosse situado em seu tempo. Daí ser necessário conhecer, mesmo que sumariamente, os acontecimentos da época e os diversos engajamentos assumidos por Mounier, pela revista *Esprit* e por todas as pessoas e movimentos por ele influenciados.

Agregação (*Agrégation*). Concurso nacional para admissão dos candidatos como professores nos liceus da França, conferindo-lhes o título de *agrégé*. Na época, o título podia ser considerado o equivalente ao doutorado de pesquisa e, na Universidade da Sorbonne de então, constituía o início de uma brilhante carreira universitária. Mais informações no site www.cned.fr.

Albrecht, Bertie (1895-1943). Enfermeira e militante feminista, teve uma participação muito ativa nos movimentos de Libertação Nacional da França durante a Segunda Guerra Mundial. Foi secretária de Henri Frenay. Em junho de 1942, condenada à prisão, bem como Mounier, participa do grupo que faz uma greve de fome de uns dez dias. O protesto teve uma grande repercussão noticiada por uma rádio inglesa. Presa pela Gestapo em 1943, veio a falecer na prisão.

Aron, Raymond (1905-1983). Sociólogo francês, o mais importante da sociedade industrial, destacando-se também por sua filosofia política. Conhecedor da obra de Max Weber,

– 126 –

teve uma preocupação com os limites da objetividade histórica, as ilusões do saber absoluto e com a dogmática dos sistemas fechados. Foi um dos colaboradores de *Esprit*. Teve grandes polêmicas com as diversas formas do marxismo.

Baboulène, Jean (1917-). Politécnico, Membro do Comitê de Redação do jornal *Témoignage Chrétien*, órgão que desempenhou um papel muito importante durante e após a Resistência na França. Engajado nas lutas sociais, lutou contra o colonialismo da França na Algéria (ou Argélia). Membro do Partido Socialista. Com sua família, integra a comunidade de Châtenay, no condomínio denominado "Murs Blancs". Junto com Domenach, participa de uma missão de três semanas, enviados por Mounier, a fim de observar e analisar os resultados das eleições que haviam eleito Tito na Iugoslávia, eleições postas em dúvida pelos soviéticos. Foi secretário-geral da JEC (*Jeunesse Étudiante Catholique*).

Bakunin, Mikhail Alexandrovich (1814-1876). Revolucionário russo, conhecido por ter sido um socialista anarquista, lutando contra o poder centralizador, porquanto o poder constitui um grande obstáculo ao livre desenvolvimento dos indivíduos e dos povos. Em Paris, teve contatos com Marx e Proudhon. Mounier escreveu um importante trabalho sobre os anarquistas e, de modo especial sobre Bakunin, na obra "*Anarchie et Personnalisme*" (, *Oeuvres*, T. l, 1937, p. 651-725).

Béguin, Albert (1901-1957). Escritor, crítico e editor suíço. Criador e diretor dos *Cahiers du Rhône*. Uniu-se aos escritores franceses no movimento da Resistência na Segunda Guerra Mundial. Com a morte de Mounier em 1950 assumiu o cargo de diretor da revista *Esprit* (1950-57), na defesa da liberdade criadora dos escritores. A lista de obras e artigos por ele publicada é muito extensa. Suas crônicas sobre o papel da Europa, em especial da Alemanha, dos Estados Unidos, da Índia e da Ásia tiveram uma grande repercussão devido a sua singular força de análise política.

Beigbeder, Marc (1916-1997). Filósofo, pensador personalista e professor universitário. Escreveu numerosos ensaios filosóficos, bem como outras reflexões teológicas. Foi um dos assinantes do famoso *Manifesto dos 121*, isto é, Declaração a respeito da Insubmissão na guerra da Algéria (ou Argélia), lutando contra o colonialismo. Autor de diversas obras sobre o existencialismo, em particular sobre Sartre.

Berdiaeff, Nicolas (1874-1948). Filósofo de origem russa. Banido de sua terra natal em 1922, refugiou-se em Paris, mantendo então intercâmbios com filósofos europeus daquele momento, em particular com Maritain, Mounier e G. Marcel. É um exímio conhecedor e discípulo de Max Scheler, foi um dos inspiradores do personalismo comunitário. Já no primeiro número de *Esprit* aparece o célebre artigo "Verdade e mentira do comunismo".

Bernanos, Georges (1888-1948). Escritor francês. Lutou contra a Guerra da Espanha, denunciando o comportamento desumano de Franco. No período de 1938 a 1945 exilou-se no

Brasil, na cidade de Barbacena, vindo a morar em uma casa modesta da colina Cruz das Almas, Estado de Minas Gerais. Sua lista de escritos, romances e ensaios é muito extensa. Mounier dedica-lhe todo um capítulo no livro *Esperança dos desesperados* com o título "G. Bernanos: um sobrenaturalismo histórico".

Blum, Leon (1872-1950). Homem político, membro do partido socialista da Secção Francesa da Internacional Operária (SFIO) da França, do qual foi presidente. Presidiu dois governos da Frente Popular (1936-38), sendo autor de importantes medidas sociais, como férias pagas, semana de 40 horas de trabalho, mulheres no governo, convenções coletivas de trabalho, prolongamento da escolaridade até os 14 anos de idade.

Borne, Étienne (1907-1993). Filósofo e professor de filosofia. Participou de várias revistas, escrevendo artigos e críticas. Pode ser considerado um dos primeiros membros da equipe de *Esprit.* Sofreu uma grande influência de pensadores como Agostinho, Pascal, Bergson e Blondel. A filosofia da pessoa é para Borne também uma filosofia da história, contendo sempre uma dimensão política. Autor de diversas obras filosóficas, em especial *Emmanuel Mounier ou le combat pour l'homme,* Seghers, 1972.

Calvino, João (1509-1564). Reformador francês protestante, Calvino fez seus estudos de lógica, gramática e filosofia em Paris. Consagrou sua vida a pregar em favor da religião reformada. Sua doutrina religiosa repousa nos seguintes princípios: Retorno à Bíblia como fonte da fé cristã, crença na predestinação e concepção da graça, inspirada em Santo Agostinho. Segundo Weber, sua estética teria desempenhado um papel importante no surgimento e desenvolvimento do capitalismo.

Chastaing, Maxime (1913-1997). "Agrégé", doutor e professor de filosofia. Preso na Segunda Guerra, ficou na Alemanha até o final do conflito. De retorno, torna-se pesquisador do CNRS (*Centre National de la Recherche Scientifique*). No início dos anos 30, é membro do grupo *Esprit* em torno de Mounier e participa ativamente no desenvolvimento da filosofia personalista.

Chevalier, Jacques (1882-1962). "Agrégé de Filosofia" e Docente na Faculdade de Letras, em Grenoble. Autor de muitos livros, principalmente sobre a história da filosofia. Ministro em 1941, com o Regime de Vichy. Mounier seguiu seus cursos de filosofia no período de 1924 a 1927, mas a partir de 1932, com a fundação de *Esprit*, distanciou-se do mestre devido ao apoio dado a Franco.

Clermont-Ferrand. É uma comuna francesa na região de Auvergne no Maciço Central. É uma cidade com mais de 2.000 anos de história, mas só desde o princípio do século XX é que realmente aparece na vida econômica graças à indústria de pneus da Michelin. No plano do ensino, conta com duas grandes universidades e com monumentos diversos, nomeadamente a catedral Notre-Dame-de-l'Assomption.

Comte, Bernard (1930-). Mestre de conferências no Instituo de Estudos Políticos de Lião, historiador, especialista da história de Vichy e da Resistência durante a Segunda Guerra Mundial. Publicou a reprodução crítica integral da revista *Esprit* (novembro de 1940 a agosto de 1941, 1216 p.), período em que a revista circulou na clandestinidade. Atualmente, ele prepara a edição crítica dos *Entretiens* de Mounier, juntamente com o filósofo Yves Rouillère.

Clichy-sous-Bois, do Departamento de Seine-Saint-Denis. Subúrbio da "Grande Paris" conta com graves problemas e disparidades sociais. Um bairro muito sensível. Em 27 de outubro de 2005, dois jovens, perseguidos pela polícia, falecem acidentalmente. Esse evento dá origem a revoltas espetaculares que se propagam rapidamente pelos vários subúrbios pobres através do país. As confusões diziam respeito, por um lado, ao estado de revolta latente dentro de certos bairros de população minoritária tipicamente pobre e mal-integrada, e, por outro lado, ao sucesso discutível da "política de reintegração regional" em seu esforço para impedir esse conflito. Compreende-se por que Mounier, já em sua época, denunciava o abandono dessa comuna periférica.

Daladier, Edouard (1884-1970). Político francês, deputado eleito pelo Partido Radical, formado em história, ocupou por três vezes o cargo de Presidente do Conselho, cargo correspondente a Primeiro-Ministro. Era Presidente do Conselho no início da Segunda Guerra Mundial e ficou particularmente conhecido como um dos signatários do Acordo de

Munique, assinado em 29 de setembro de 1938, juntamente com Hitler, Mussolini e o Primeiro-Ministro britânico Neville Chamberlin.

Dalstroy. Organização criada em 1931 pelos soviéticos a fim de gerenciar a construção de estradas e da mineração de ouro na região do Extremo Oriente russo, com o objetivo de supervisionar o desenvolvimento e a exploração da área usando trabalho forçado. A administração cresceu cada vez mais complexa ao longo dos anos. A denúncia mais trágica dos horrores cometidos no período de 1929 a 1953 por Stalin consta sobretudo no livro *Arquipélago Gulag*, documento de 1.800 páginas, de Soljenitsen. O Gulag era a Direção ou Administração Principal dos campos de trabalho forçado da Antiga União Soviética. O título *Arquipélago* explica-se por ser um complexo de unidades criadas ao longo dos anos.

Davidées (Aux). Revista fundada por Madeleine Daniélou, mãe do teólogo Jean Daniélou. "Davidées" foi a princípio a Associação das Professoras Primárias (*Institutrices*) Católicas da França, fundada pela professora Marie Silve. O nome "Davidée" foi o personagem de René Bazin, professora primária, que contestava as ideias de seu pai maçom. Madeleine hospedou Mounier em seu pensionato, procurando-lhe as primeiras aulas em escolas e oferecendo-lhe ao mesmo tempo a colaboração para a revista em apreço, colaboração que se estendeu de 1928 a 1931. Muitos desses artigos foram republicados no *Bulletin des Amis d'E. Mounier*, n. 4, 1954, p. 2-16.

Davis, Garry (1921-). Primeiro cidadão do mundo, com A. Camus. Davis interrompeu a sessão das Nações Unidas no Palais de Chaillot, em Paris, em 1948, a fim de pedir a criação de um Governo mundial. Participa da redação da Declaração de Oran (assim chamada por ter sido redigida com Camus, originário de Oran, Algéria). Ver o documento em inglês: www.worldgovernment.org/gov.htl#oran. Criou o Movimento dos Cidadãos do Mundo. Em 1948, numerosas personalidades vão assistir a seus debates, como Albert Einstein, André Breton, Abbé Pierre e outros.

Déléage, André (1904-1945). Cursou a escola Normal Superior de Paris onde conheceu Georges Izard. Participou no Congresso de fundação de *Esprit*, realizado em Font-Romeu em agosto de 1932. Em seguida, engaja-se com G. Izard na fundação do movimento chamado de *Troisième Force*. Tendo desaprovado a fusão deste com o *Front Commun*, retirou-se da política ativa. Fez o doutorado em letras e foi nomeado professor na Universidade de Nancy. Durante a Ocupação, participou da Resistência no "Grupo secreto de informações militares".

Delors, Jacques (1925-). Ligado, no princípio de sua carreira, ao sindicalismo cristão, em 1974 aderiu ao Partido Socialista Francês. Depois de ter sido nomeado Ministro das Finanças de seu país em 1981, foi eleito para dirigir a Comissão Europeia em 1985, cargo que ocupou durante três mandatos até 1994. Seu trabalho envolveu um profundo relançamento da construção europeia. Os trabalhos do "Comité Delors" são em grande medida a base dos êxitos econômicos e monetários do Tratado de Maastricht e do nascimento da moeda única europeia. Foi também o iniciador das políticas estruturais da União "Pacote Delors", da Carta Social Europeia e do programa educativo Erasmus. A seguinte frase resume bem sua contribuição para a construção europeia: "Rejeito uma Europa que seja apenas um mercado, uma zona de livre troca sem alma, sem consciência, sem vontade política, sem dimensão social. Se é essa a direção para onde vamos, lanço um grito de alarme".

Dieulefit. Comuna francesa do Departamento da Drôme Provençal, situada no meio de montanhas verdejantes, com uma população de 3.200 habitantes. É reputada pela qualidade de sua louça de barro (*poterie*) desde a época galo-romana e por seu clima. Possui um importante Centro especializado em cardiologia e pneumologia para crianças e adultos. Em janeiro de 1942, Mounier foi preso por supostas atividades subversivas. Fez uma greve de fome que o deixará muito debilitado. Liberado, refugia-se então com sua esposa e as duas crianças no vilarejo de Dieulefit, onde permaneceu um ano e meio, com o falso nome de Leclercq, desenvolvendo sua atividade intelectual e a luta na Resistência com a rede de pessoas ligadas a *Esprit*. Nessas condições bem precárias, escreveu os livros *Traité du caractère* e *L'affrontement chrétien*, publicados em 1946 e 1945.

Domenach, Jean-Marie (1922-1997). Filósofo, escritor e intelectual francês, a partir de 1946 tornou-se um importante secretário de Mounier, sucedendo a Béguin na direção da revista *Esprit*, de 1957 a 1976. Em seguida, foi professor de humanidades na Escola Politécnica. Engajou-se na Resistência. É a figura de um estilo que vive um *personalismo militante*. Nos anos 50 lutou contra o colonialismo e nos anos 60 contra o totalitarismo estalinista. Na esteira de Péguy e Mounier, ele tem preconizado uma ética da responsabilidade, com a contestação tanto do capitalismo e da sociedade de consumo, quanto do socialismo autoritário e coletivista. Autor de uma ampla lista de obras filosóficas e literárias, em especial *Emmanuel Mounier*, Seuil, 1972.

Dreyfus, Alfred (1859-1935). O "caso" (*affaire*) foi um escândalo político que dividiu a França por muitos anos, durante o final do século XIX. Centrava-se na condenação por alta traição de Alfred Dreyfus em 1894, um oficial de artilharia do exército francês, de religião judaica. O acusado sofreu um processo fraudulento conduzido a portas fechadas. Na verdade, ele era inocente: a condenação baseava-se em documentos falsos. Quando os oficiais de alta patente se aperceberam da injustiça, tentaram ocultar o erro judicial. A farsa foi acobertada por uma onda de nacionalismo e xenofobia que invadiu a Europa.

Eckhart, Johannes, dito **Mestre** (1260-1327). Teólogo e místico alemão. É considerado o criador da linguagem filosófica alemã e fundador do misticismo ocidental. Em Colônia respondeu a um processo de heresia, culminando com a condenação de toda a sua obra. Seus *Tratados* e *sermões* o situam na origem da mística ocidental. Hegel o considera precursor de sua dialética.

Engajamento (do fr. *Engager*, filiar-se, comprometer-se). Nas filosofias existencialista e personalista, o engajamento é a tomada de consciência pela qual o homem por sua ação se compromete com a mudança deste mundo e de nossa realidade histórica. No início do seu *Traité du caractère* faz uma declaração de princípios em que fica bem configurado um sentido de "engajamento". Refere--se às crises periódicas da figura de homem. Diante dessa situação, é preciso "escolher o que é ser homem, e homem de seu tempo, e querê-lo audaciosamente aliando imaginação e fidelidade. Nós fizemos a escolha. Em nossa investigação não queremos somente tratar do homem, mas combater pelo homem. De resto, ninguém trata objetivamente do homem. Mas como é costume mascarar sua posição sob uma vestimenta científica, nós preferimos declarar de cabeça erguida que nossa ciência, para ser uma ciência honesta, é com maior razão uma ciência combatente" (*Oeuvres*, T. II, p. 7). No período de 1934 a 1939 há certa virada do personalismo sob a influência do pensamento de Paul-Louis Landsberg com diversos estudos fundamentais sobre o "engajamento", em especial o dos intelectuais. No entanto, podemos afirmar que o "engajamento" é do início até o fim o fio condutor do pensamento e do testemumho de Mounier. Nem precisa lembrar que tal conceito não se confunde com o ativismo, devendo ser alimentado no silêncio, na meditação e para o cristão na fé. No Brasil dos anos 50-60, o *engajamento* foi uma palavra-chave, utilizada pelos movimentos da Ação Católica, em particular pela Juventude Universitária Católica (JUC).

Esprit. Com esta denominação foi fundada em Font-Romeu na propriedade dos Daniélou a revista e um movimento, durante o Congresso ali realizado no período de 15 a 22 de agosto de 1932, do qual participaram uma vintena de amigos do movimento *Esprit*, "uma juventude não conformista", na expressão do próprio Mounier (*Esprit*, nov. de 1933, p. 281). Foi um encontro de oito dias de grande densidade, de manhã das nove até altas horas da noite. Era verão, mas em uma altitude de 1.800m a temperatura era muito agradável. O congresso foi preparado com várias reuniões, através do trabalho de "grupos de estudos" e de calorosos debates. Foi encerrado com o chamado "Manifeste de Font-Romeu" (Winock, p. 407-413). Este conceituado historiador assim descreve *Esprit*: "A revista *Esprit* tornou-se uma 'grande revista': em poucos meses, conhece um notável sucesso, triplicando, quadruplicando sua tiragem ordinária entre 10 mil e 13 mil exemplares" (*Ibid.*, p. 256). "Uma revista dos anos 30, um movimento cheio de vida, uma amizade internacional. Um projeto de revolução personalista. Uma aventura de intelectuais confrontados com os grandes dramas de um século de ferro: a ascensão do fascismo, a Frente popular, a guerra da Espanha, a crise de Munique, a Segunda Guerra Mundial, Vichy, a Resistência, a lírica ilusão da Libertação, o stalinismo, a guerra fria, a descolonização..." Por expressar opiniões cada vez mais críticas ao Regime de Vichy, a revista foi interditada em 1941, reaparecendo logo após a Libertação da França em 1945, participando ativamente dos debates e controvérsias do pós-guerra. Após a morte de Mounier, a direção foi assumida por Albert Béguin (1950-1957), por Jean-Marie Domenach (1957-1976), Paul Thibaud (1977-1988) e, a partir de 1989, por Olivier Mongin. A tiragem atual é de uns 10.000 exemplares, uma das mais importantes revistas intelectuais da França e da Europa.

Etiópia (invasão da). Em 3 de outubro de 1935 as tropas da Itália fascista, partindo da Eritreia, na África Oriental, atacaram o Reino da Etiópia, nação das mais pobres do continente. A guerra de agressão à Etiópia expôs a enorme fragilidade da Sociedade da Liga das Nações, fundada em 1919, exatamente para evitar que potências belicistas, expansionistas e predadoras engolissem as mais fracas. O doloroso episódio significou o fim da Liga das Nações e o prenúncio da Segunda Guerra Mundial. Enquanto 25 membros abstiveram-se, 23 votaram contra a proposta de Sélassie, e somente um foi a favor, ele mesmo. Os representantes do mundo capitularam, aceitando o fato consumado: Mussolini havia conquistado o reino de Négus. Uma sessão vergonhosa e covarde. Na França, foi lançado um Manifesto de 16 acadêmicos e intelectuais de direita, intitulado "Pour la défense de l'Occident et de la paix en Europe", levantou uma vigorosa reação de Mounier, do grupo *Esprit* e de outros intelctuais, como Maritain e Mauriac, com o Manifesto "Pour la justice et la paix" em defesa da soberania da Etiópia. Aliás, desde o mês de julho, *Esprit* já se posicionara em favor da Etiópia.

Fejtö, François (1909-2008), historiador húngaro-francês, é considerado o precursor da história do comunismo do leste-europeu. Foi um dos primeiros a criticar o stalinismo, ainda no início dos anos 1930, tendo escrito uma obra de referência sobre o comunismo na Europa de Leste, intitulada *As democracias populares* (1952). O último "tomo" desta obra foi *La Fin des démocraties populaires* (1992). Uma lista de publicações e diversos artigos constam na revista *Esprit*. No início de seu percurso intelectual, Fetjö fora comunista, tendo fundado um círculo de estudos marxistas na Budapeste universitária, ato pelo qual foi preso pelo regime pró-fascista romeno. A essa altura rompeu com o comunismo por acreditar que os comunistas alemães tinham recebido instruções de Moscou para se associarem aos nazistas contra os sociais-democratas. Foi professor no *Institut d'Études Politiques*, tendo convivido com intelectuais como Camus, Aron, Morin, e polemizado com Malraux e Sartre.

Font-Romeu. Comuna da França situada no departamento dos Pirineus Orientais. Clima de montanha. Altitude máxima de 2.213m. Importante Centro de Pesquisa de energia solar da França. Em 8 de setembro de cada ano, transforma-se em um grande centro de peregrinação à Virgem Maria, representada por uma estátua de madeira dourada, esculpida no século XII. Foi este belíssimo lugar escolhido por Mounier e amigos para o Congresso de fundação da revista *Esprit*, numa propriedade de Mme. Daniélou, mãe do futuro cardeal Jean Daniélou.

Fraisse, Paul (1911-1996). Doutorou-se em filosofia e letras. Professor e pesquisador na Sorbonne, onde dirigiu o Laboratório de Psicologia Experimental e Comparada, introduzindo, na investigação em psicologia, metodologias objetivas e rigorosas. A lista de publicações de artigos na revista *Esprit* e de obras no campo da psicologia é muito extensa. Na aplicação do método experimental, tem ressalvado sua perspectiva humanista, profundamente influenciado pela filosofia personalista de Mounier. Participante ativo dos grupos *Esprit*. Convidado por Mounier, associa-se desde julho de 1939 com a família à comunidade denominada de "Murs blancs" de Châtenay-Malabry.

Frankfurt (Escola de). Fundada em 1924 por Marcuse, Adorno, Benjamin e Habermas, o Instituto de Pesquisas Sociais de Frankfurt também foi denominado Escola de Frankfurt. Com a ascensão ao poder na Alemanha do nacional-socialismo, a Escola transferiu-se em 1933 para Genebra e, finalmente, para Nova York. Nesta cidade a revista passou a ser publicada com o título de *Estudos de filosofia e ciências sociais*. Com a vitória dos aliados na Segunda Guerra Mundial, o Instituto pôde em 1950 regressar para a Alemanha.

Franco, Francisco (1892-1975). Formou-se na Academia de Infantaria da Espanha. Ditador, reinou naquele país desde outubro de 1939 até sua morte em 1975. Os campos de concentração franquistas foram estabelecidos na Espanha entre 1936 e 1947 sendo internos ex-combatentes que lutaram no bando republicano, dissidentes políticos, homossexuais e presos comuns. Perto de meio milhão de prisioneiros foram ali internados entre 1936 e 1942. Quanto à guerra na Espanha, Mounier e *Esprit* desde 1936 tiveram uma posição firme e corajosa, denunciando seus horrores e fazendo todo um trabalho de informação e mobilização. O escritor espanhol Semprun y Gurrea, na qualidade de correspondente de *Esprit*, enviou numerosos artigos e documentos (para mais informações, ver Winock, p. 132-134).

Franc-Tireur (franco-atirador). Movimento de Resistência da Segunda Guerra Mundial, fundado em Lião, em novembro de 1940, sob o nome de *France Liberté*, rebatizado *Franc-Tireur* em novembro de 1941. Jean-Pierre Lévy foi o chefe do movimento. Sob a égide de Jean Moulin, o movimento fusionou com *Libération* e *Combat* (resistência) para dar origem aos *Mouvements unis de la Résistance* (MUR). *Franc-Tireur* é igualmente o nome do jornal clandestino do movimento que conheceu a tiragem de 37 números de dezembro de 1941 a agosto de 1944.

Frenay, Henri (1905-1988). Oficial e homem político francês que contribuiu para a criação da rede de resistentes na Segunda Guerra Mundial, rede denominada *Combat*. Em 1941 foi fundado o jornal com esse mesmo nome. Membro do Comitê de libertação nacional, Ministro no Governo Provisório da República Francesa (GPRF) do general De Gaulle (1944-1945).

Front Populaire (Frente Popular). Foi uma coalização de partidos de esquerda que governou a França de 1936 a 1937, entre os quais vale lembrar a SFIO (*Section française de l'Internationale ouvrière*) e o PCF (*Parti communiste français*) e outros movimentos. Foi o primeiro governo da lll República dirigido por socialistas, constituindo até hoje uma referência na memória da esquerda francesa. Entre as reformas econômicas e sociais propostas e implantadas, constam a jornada de trabalho de 40 horas semanais, férias pagas, permitindo ao trabalhador pela primeira vez na história da humanidade gozar de tão necessário descanso, convenções coletivas e criação da SNCF (*Société Nationale des Chemins de Fer*).

Gauchet, Marcel (1946-). Filósofo e historiador francês. Na Universidade de Caen, foi aluno e discípulo de Claude Lefort, amigo e colega de Jean-Pierre Le Goff, que lhe despertou o interesse pela filosofia em seu aspecto político segundo seu próprio testemunho: "É a ele que devo esta pulsão". Participa com muito entusiasmo do movimento de Maio de 1968, do qual teve logo em seguida uma grande decepção, dada a pulverização dos movimentos esquerdistas. Professor da École des Hautes Études en Sciences Sociales, em Paris, e diretor da revista *Le Débat*. Autor de mais de 20 livros entre os quais *A democracia contra ela mesma*, obra publicada no Brasil.

Goebbels, Paul Joseph (1897-1945). Ministro do Povo e da Propaganda de Hitler, exercendo severo controle sobre as instituições educacionais e os meios de comunicação. Foi uma figura-chave do regime, conhecido por seus dotes retóricos. Conhecido pelo ódio a judeus e católicos, tinha uma grande admiração pela figura de Hitler e um grande fanatismo pelo poder. Era um dos líderes políticos nazistas mais destacados que tinham concluído estudos superiores. Teve uma posição correspondentemente importante entre os nazistas, preparando o povo alemão para a Segunda Guerra Mundial. Em suas últimas horas, sugere-se que permitiu a sua mulher, Magda, matar os seus seis filhos pequenos e, pouco depois, ele e sua mulher cometeram o suicídio.

Grenoble. Cidade natal de Emmanuel Mounier. Localiza-se no sopé dos Alpes e é a segunda maior metrópole, após Lião. Foi fundada em 43 a.C. (Cularo). Tem atualmente cerca de 420 mil habitantes. Um dos maiores centros universitários da França, com aproximadamente 60 mil estudantes. Conta com três grandes universidades, salientando-se o Instituto Nacional Politécnico e o Centro de Estudos Nucleares.

Guernica (Bombardeio de). Pequena cidade basca, bombardeada pelos aviões nazistas da Legião Condor em abril de 1937, durante mais de duas horas. Na época, uma população de sete mil habitantes, tendo perecido quase um terço. Hitler apoiu Franco temendo uma bolchevização da Espanha. Pablo Picasso captou esse horror em seu quadro antibélico *Guernica*, realizado logo após o massacre. O painel de Picasso foi apresentado na Exposição Internacional de Paris em 1937. Conta-se que um oficial da SS lhe perguntou, apontando para a pintura: "Foi o senhor que fez isso?". Picasso teria respondido: "Não, o senhor". (**SS** = *Schutzstaffel* – Tropa de Proteção), abreviada como SS. O Bombardeio de Guernica, previsão já denunciada por Mounier, suscitou uma dura reação assim caracterizada na revista *Esprit:* uma pequena cidade basca católica havia sido aniquilada com os bombardeios nazistas. Em seu comentário, Mounier pedia aos católicos franceses para abrirem os olhos (E. Mounier, "Guernica", *Esprit*, maio de 1937).

Gurvitch, Georges (1898-1965). Sociógo francês de origem russa. Autor de uma ampla lista de obras do campo da sociologia e do direito. Diretor do *Centre d'études sociologiques de Paris* e fundador da revista *Cahiers internationaux de sociologie*. Colaborador de *Esprit* com importantes trabalhos de pesquisa sobre as nacionalizações em curso na França, a representação e a unidade operárias. Preconiza uma espécie de "socialismo revolucionário" de influência proudhoniana.

Grosser, Alfred (1925-). Politólogo, sociólogo e historiador francês de origem alemã. Refugiou-se na França em 1933. Professor do *Institut d'études politiques de Paris* e em diversas universidades dos Estados Unidos e do Japão. Colaborador dos jornais *Le Monde* e *La Croix*. Tem desempenhado uma influência muito importante na reconciliação e cooperação franco-alemães da Segunda Guerra Mundial.

Izard, Georges (1903-1973). Membro da Ordem dos Advogados de Paris, vivendo um ideal de justiça e liberdade que fará dele um militante de *Esprit* e um ardoroso deputado socialista. Ao preparar a *agregação* de filosofia, encontra Mounier com quem redige em 1929-1930 juntamente com M. Péguy o livro *La Pensée de Charles Péguy* (Ver E. Mounier, *Oeuvres*, T. 1, p. 11-125). Juntamente com Mounier funda a revista *Esprit*, tendo sido redator chefe de outubro de 1932 a julho de 1933. Tornou-se delegado-geral da *Troisième Force*. Mas em 1934 esse movimento se separa de *Esprit*, sendo então fundado o *Front Social*. Participa ativamente da Resistência. Faz uma crítica radical e construtiva do sistema marxista. Teve um grande sucesso na carreira de advogado, sendo eleito em 1971 para a Academia da França na cadeira de H. Massis.

Jansênio, Cornélio (1585-1638). Teólogo, filósofo e bispo holandês, negava o livre-arbítrio e ensinava que a graça era um privilégio inato concedido a poucas pessoas. Os jansenistas adotavam uma moral rigorosa, sendo combatidos pelos jesuítas e condenados como heréticos pelas autoridades católicas.

Kropotjkine, Piotr Alexéívitch (1842-1921). Príncipe, um dos mais destacados chefes e teóricos do anarquismo. Em 1872, no estrangeiro, aderiu ao grupo de Bakúnine. Combateu a doutrina de K. Marx sobre a luta de classes e a ditadura do proletariado. É talvez o pensador mais citado por Mounier no texto *Anarchie et personnalisme* (*Oeuvres*, T. l, p. 651-725).

La Boétie, Etienne de (1530-1563). Amigo de Montaigne. Sua obra mais famosa, intitulada *A servidão voluntária*, definida como "a aceitação passiva da tirania", tem merecido muitos comentários. Contra a opressão, diz ser preciso despertar "o sentido da liberdade", o primeiro dos direitos e dos bens do ser humano.

Lacroix, Jean (1900-1986). Cursou letras, direito e filosofia na Faculdade Católica de Lião. Torna-se amigo de Mounier e colabora com a *Esprit* desde sua fundação. Em 1940 acolhe Mounier em Lião, encorajando-o a publicar a revista sob o governo Vichy, tornando-se assim um foco intelectual muito importante da Resistência e de combate ao invasor. Amigo do economista F. Perroux, ocupa-se da crônica filosófica do jornal *Le Monde* no período de 1944 a 1980. Diretor da coleção *Initiation philosophique*, publicou 25 livros, breves, mas densos. Não foi somente um homem de doutrina, mas um mestre engajado marcando uma presença no mundo. Contra um pensamento dogmático – as concepções *toutes faites* de Péguy –, ajudou a muitas gerações a estabelecer um verdadeiro diálogo com o pensamento contemporâneo.

Landsberg, Paul Ludwig (1901-1944). Originário de família judaica, frequentou os circuitos de importantes pensadores alemães, como Max Scheler, Romano Guardini e Thomas Mann. No curso de filosofia, foi aluno de Husserl e de M. Scheler. Em março de 1933, ameaçado de perseguição por causa de sua oposição ao nazismo, parte para o exílio peregrinando por diversos países da Europa. Na França participa ativamente do Movimento Frente Popular. Vive com uma identidade falsa, escrevendo artigos virulentos no jornal *Combat*. Preso, foi enviado a um campo de concentração perto de Berlim, onde faleceu de tuberculose. Autor de muitas obras, entre as quais se devem salientar as seguintes: *A introdução à antropologia filosófica* (1934); *A experiência a morte* (1937); *Problemas do personalismo* (1952); *O problema do suicídio* (1946, obra póstuma) e diversos artigos na revista *Esprit*. Deve-se ressaltar a decisiva influência exercida sobre Mounier e sobre o movimento *Esprit*, ao propor uma aprofundada reflexão a respeito do *engajamento* como a historicidade constitutiva da pessoa humana e da problemática inerente a seu agir no mundo. A esse respeito, dois artigos notáveis *Reflexões sobre o engajamento pessoal* (1937) e *O sentido da ação* (1938). Esses e outros textos marcaram uma virada no movimento. O próprio Mounier salientava a passagem de um "período doutrinário", impregnado de certo purismo da ação para um "período do engajamento", assumido na coragem da decisão em uma situação histórica datada.

Lefort, Claude (1924-2010). Doutor em filosofia, professor na Universidade de Caen e posteriormente diretor de estudos na *Ecole des Hautes Etudes en Sciences Sociales* .Na juventude foi marxista e depois trotskista, tendo-se definitivamente afastado desses movimentos ao descobrir os horrores denunciados sobretudo por A. Soljenitsyne no livro *O Arquipélago do Goulag.* Com C. Castoriadis funda a revista *Socialisme ou Barbarie.* Tem uma preocupação no estabelecimento de laços entre o fenômeno totalitário e as carências da democracia. Esta não "é boa por natureza" e não garante de maneira espontânea liberdade e justiça para todos os cidadãos. Ela exige da parte de todos a invenção, como bem o demonstra em seu livro *L'invention démocratique* (Fayard, 1974).

Le Goff, Jacques (1946-). Professor de Direito Público, de Filosofia do Direito e das Liberdades Públicas na Faculdade de Direito da Universidade de Brest, França. Foi inspetor do trabalho durante dez anos. Colaborador de diversos jornais como *La Croix, Le Monde e o Ouest-France,* bem como de várias revistas como *Esprit, CFDT-Executivos...* Autor de ampla lista de obras, sendo aqui registradas apenas as publicações dos últimos anos, como *Droit du Travail. T. 1, Les relations individelles du travail, 2001, 1050 p.* Prefácio de Alain Touraine; T. 2, *Les relations collectives du travail,* PUR, 2002, 650 p. Pósfácio de Edgard Morin; *Du sileence à la parole – Une histoire du droit du travail des années 1830 à nos jours,* PUR, 2006, 620 p.; *Georges Gurvitch – Le pluralisme créateur, Michalon, 2012.* Em outubro de 2010, organizou em Rennes, com a *Association des Amis d'Emmanuel Mounier,* o colóquio *Penser la crise avec*

E. Mounier, ao qual assistiram mais de 500 pessoas, e outras 500 não puderam assistir por falta de lugar. As intervenções do colóquio foram publicadas, com o mesmo título, sob sua direção, em junho de 2011, pela editora Presses Universitaires de Rennes-PUR. Em fevereiro de 2011, Jacques Le Goff foi eleito Presidente da *Association des Amis d'Emmanuel Mounier*.

Madaule, Jacques (1898-1993). Teve o primeiro lugar no concurso nacional de agregação em história, tendo sido professor dessa disciplina em diversos liceus da França. Discípulo de Mounier e colaborador da revista *Esprit*. Fundador da *Amizade judeu-cristã da França*, tendo exercido uma influência decisiva no sentido de a Igreja Católica renunciar oficialmente ao antijudaísmo, sobretudo no Concílio Vaticano II. Durante mais de 40 anos fez parte da direção do *Movimento da paz*. Autor de uma longa lista de obras publicadas, principalmente sobre Claudel.

Marcel, Gabriel (1889-1973). Filósofo, autor teatral e crítico, musicista e compositor. Procurou traduzir direta e intensamente o sentido da existência humana. "Estou convencido", diz ele, "de que é no drama e através do drama que o pensamento metafísico apreende a si mesmo e se define *in concreto*". Seu pensamento é ao mesmo tempo profundamente existencial e naturalmente religioso ou cristão. Por isso define o ser humano como "um homem que caminha" (*Homo viator. Prolégomènes à une métaphysique de l'espérance* 1944) como um peregrino do absoluto. É nesse percurso que o homem descobre o sentido de sua vida. Suas obras mais conhecidas são:

Être et avoir (1935) e *Le mystère de l'être* (1951). A influência de Marcel em vários textos-chaves do personalismo, em particular sobre *L'affrontement chrétien* de Mounier (1945), é de importância decisiva.

Maritain, Jacques (1882-1973). É um dos principais representantes da neoescolástica e do neotomismo, tendo como projeto instaurar uma metafísica cristã. Possui uma vasta obra no campo da filosofia. Exerceu uma relevante influência em certos meios intelectuais do Brasil, de modo particular nos anos 50-60. "O encontro de Mounier com Maritain em Paris por ocasião do apoio ao projeto de publicação de uma obra sobre Péguy. A convite, Mounier participa assiduamente, do outono de 1928 a 1933, das reuniões dominicais que Maritain realizava na casa de Meudon, na região metropolitana de Paris. Na ocasião tomou contato com um seleto grupo de intelectuais e teólogos da França. Esse contato com Maritain foi muito importante para Mounier para início de publicação de suas primeiras obras. Mounier descobre em Maritain "o contato de pessoa a pessoa"; Maritain por sua vez ficou muito impressionado pela "nobreza de coração, a profunda fé sobrenatural, o zelo ardente pela pureza na ação intelectual". Vale a pena ler o livro de J.Petit, *Maritain/Mounier, 1929-1939*, "Les grandes ccorrespondances". Ed. Desclée de Brouwer, Paris, 1973 (Carlos Díaz, p. 50).

Marrou, Henri-Irénée (1904-1997). Historiador, filósofo e professor universitário. Desde os primeiros anos de sua formação acadêmica, sente uma "repulsa instintiva e profunda" contra a epistemologia e metodologia impostas pelo positivismo aos estudos históricos. Participa então do fervor intelectual dos chamados "não conformistas dos anos 30", título da obra do historiador J.-L. Loubet Del Bayle, *Les non-conformistes des années 30*. Em 1934, Marrou aproxima-se do grupo de intelectuais de *Esprit*, integrando mais tarde com sua família a experiência comunitária des *Murs Blancs*. Sofre a influência de eminentes pensadores, como Bergson, Péguy, Gilson, Dilthey e Heidegger. Insistindo sobre a historicidade do homem, M. afirma que o "o personalismo" é o caráter "essencial" do conhecimento histórico.

Merleau-Ponty (1908-1961). Jovem participou dos grupos mounieranos de *Esprit*. Com Sartre, S. de Beauvoir e A. Camus funda em 1945 a revista *Temps Modernes*. A complexidade do percurso de seu pensamento se constrói em um diálogo ideal com autores como Husserl, Heidegger, Sartre e, posteriormente, com Montaigne, Kierkegaard, Bergson e outros. Guardou de Mounier uma lembrança muito profunda, como o atesta a nota por ele assinada por ocasião de sua morte em 1950: "O primeiro de nossa geração, E. Mounier tem deliberadamente praticado esta filosofia do presente, este 'pensamento engajado' de quem temos seguido seu exemplo, reconhecido mais tarde a necessidade. (...) Em cada encontro éramos felizes, não somente para renovar uma camaradagem e uma antiga amizade, mas também por constatar nosso acordo em tantos pontos" (*Mort d'Emmanuel Mounier* em *Temps Modernes*, n. 54, abril de 1950, p. 1906).

Mongin, Olivier (1951-). Diplomado em letras, história e filosofia, acompanhou os seminários de Michel de Certeau, Paul Ricoeur e Claude Lefort. É diretor da redação da revista *Esprit* desde 1988 e teve em paralelo uma rica atividade editorial. Leciona atualmente filosofia política na Universidade de Lyon II e no Centro Sèvres. À margem do mundo intelectual acadêmico, investiga, de um ponto de vista multidisciplinar e independente, problemas do mundo contemporâneo, como a violência nas cidades, na política e na criação artística. Livros disponíveis em português: *A condição urbana*. São Paulo: Estação Liberdade, 2009. *A violência das imagens*. Lisboa: Bizancio, 1998. *Paul Ricoeur e as fronteiras da filosofia*. Lisboa: Instituto Piaget, 1997.

Mounier, Françoise (1938). Foi atingida por uma encefalite aguda na idade de sete meses, vindo a falecer precocemente. Mounier vive esse drama e esse sofrimento com uma profundidade espiritual, humana e cristã impressionante, conforme suas palavras na carta enviada a sua esposa: "(...) Que sentido teria tudo isso se nossa filhinha fosse apenas um corpo danificado, um pouco de vida acidentada, e não essa pequenina hóstia branca que a todos nos ultrapassa, uma infinidade de mistério e de amor que nos ofuscaria se pudéssemos vê-la face a face (...). Você compreende esta pobrezinha voz suplicante de todas as crianças mártires no mundo e o pesar de ter perdido a infância entre tantos milhões de seres humanos" (Carta a Paulette Mounier em 20 de março de 1940. *Oeuvres*, t. IV, p. 660-661).

Mounier, Paulette Leclercq (1906-1991). De família flamenga agnóstica, fez estudos de estética. Converteu-se ao cristianismo, sendo subitamente projetada na ação social e política. Durante meio século consagrou-se à difusão da obra e do pensamento de E. Mounier. Publicou os quatro grossos tomos da obra, intitulada *Oeuvres de Mounier*, os inéditos, o *Bulletin des Amis d'E. Mounier*, bem como a instalação e a conservação da Biblioteca E. Mounier em Châtenay-Malabry. Participava com certa frequência dos encontros do comitê de redação da revista *Esprit*, sempre insistindo na conservação e difusão da obra de E. Mounier. Resumo do artigo de Guy Coq e Olivier Mongin, *Paulette Mounier* (*Esprit*, maio de 1991, p. 136-137).

Montreuil. Departamento situado no arrabalde leste de Paris atualmente com uma população de habitantes. Origem "malien" de Mali. Grandes conjuntos habitacionais, "zonas sensíveis".

Moscou (Processos de). Série de processos falsificados e mentirosos que se desenrolaram entre 1936 e 1938 dirigidos por Stalin, a fim de eliminar os veteranos bolcheviques da Revolução de Outubro e que levaram à criação da União Soviética de Lênin.

Munique (Tratado de). Foi assinado em 1938 na cidade de Munique, na Alemanha, entre os líderes das maiores potências da Europa, sendo a conclusão de uma conferência organizada por Adolf Hitler para tratar do futuro da Checoslováquia, terminando com a capitulação das nações democráticas perante a Alemanha nazista. A Checoslováquia não foi convidada para a conferência. A conferência foi chamada a "traição de Munique".

Murs Blancs (Muros Brancos). Neste condomínio da cidade de Châtenay-Malabry, da região metropolitana de Paris, adquirido em dezembro de 1944, Mounier quer realizar o projeto de viver em uma comunidade em pequena escala. É uma área de um hectare e meio, com árvores, horta, espaço verde e três casas de dois andares. Em 1944 instalaram-se as famílias Mounier, Fraisse e Marrou. Posteriormente, Domenach, Baboulène e Ricoeur. Transforma-se em um lugar de encontros e reuniões. Em um domingo por mês havia reunião da equipe e amigos de *Esprit*.

Nuremberg (Processo de). Decorreu entre 20 de novembro de 1945 e 1º de outubro de 1946 diante de um Tribunal Militar Internacional contra 24 membros do partido nazista e contra oito organizações da Alemanha nazista, inculpados principalmente de crimes de guerra e de conspiração contra a humanidade. Doze acusados foram condenados ao enforcamento e sete à prisão. Foram também condenadas quatro organizações.

Pacto do Atlântico Norte (OTAN). A organização foi criada em 1949 em Washington, no contexto da Guerra Fria, com o objetivo de constituir uma frente oposta ao bloco socialista, que, aliás, poucos anos depois, lhe haveria de contrapor o Pacto de Varsóvia e a aliança militar do leste europeu. Desta forma, a OTAN tinha, em sua origem, um significado e um objetivo paralelos, no domínio político-militar, aos do Plano Marshall no domínio político-econômico.

Péguy, Charles (1873-1914). Poeta e ensaísta, P. é originário de uma família modesta, tendo sofrido uma forte influência do socialismo francês de seu tempo, sobretudo de Jaurès, Fourier e Proudhon. Em 1900 funda a revista *Cahiers de la Quinzenaine,* tendo como colaboradores entre outros Bergson, Sorel e Benda. No caso Dreyfus ficou famosa a frase de P.: "A revolução será moral ou não será de jeito nenhum". Faz uma crítica virulenta contra o "mundo moderno" que, sob o pretexto do progresso, causa um aviltamento e esquecimento do homem. Os docentes da Sorbonne também serão alvo de sua crítica por estarem imbuídos de uma cultura vazia e presunçosa. Nisso, Mounier seguirá na mesma linha de denúncia com expressões talvez ainda mais duras contra aquilo que ele chamou "le venin sorbonnard". Aliás, a influência exercida por P. sobre o percurso existencial de Mounier será decisiva, bem como sobre A. Béguin e J. M. Domenach, seus sucessores na direção de *Esprit.* Podemos afirmar que P. foi até o fim de sua vida uma pessoa revoltada no bom sentido da palavra. Portanto, um pensador inclassificável (ver o texto publicado por Mounier, *La pensée de Charles Péguy.* O. t. l, p. 11-125).

Perroux, François (1903-1987). Economista. Professor da mais famosa *Ecole Pratique des Hautes Etudes* e em 1943 funda o prestigioso *Institut de sciences économiques appliquées* (ISEA). Elaborou sua obra apoiando-se nos clássicos da economia como Pareto, Saint-Simon e Marx, em uma confrontação permanente com as teorias e os fatos econômicos do século XX. Desenvolve uma teoria econômica do desenvolvimento em oposição à do crescimento. Enquanto o mercado raciocina a partir de e sobre as coisas, P. reflete sobre os agentes, ressaltando que a liberdade é uma conquista que se realiza coletivamente. Esta posição o distancia radicalmente do egoísmo do liberalismo econômico. E isso constitui uma valiosa contribuição ao que se poderia denominar de "personalismo econômico". Possui uma vasta bibliografia de trabalhos publicados em sua especialidade.

Pouget, Père Guillaume (1847-1933). Padre lazarista, sofrendo de uma longa cegueira. Biblista, teólogo, conselheiro espiritual. J. Chevalier costumava enviar seus alunos ao P. Pouget. Para Mounier esse encontro constituiu uma autêntica bênção divina: "Nunca agradecerei bastante, escreve ele para seu mestre, o fato de fazer-me conhecer o P. Pouget. Quando estou em sua presença parace-me estar diante da verdade" (IV, p. 484). Com esse teólogo e biblista que acabava de completar 80 anos, Mounier aprende a melhor teologia por mais de duas horas durante duas tardes por semana, encontros que se prolongaram por quase seis anos até a morte desse grande exegeta em 1933. Centenas de fichas foram redigidas por Mounier, desde a Bíblia até a História das Religiões, Santa Teresa e São João da Cruz, temas de ação e meditação etc. (Ver cartas e notas em *Oeuvres*, IV, p. 422 e 428, 439 e 452). Dessa forma, Mounier adquirirá uma sólida formação teológica que será cultivada durante toda a sua vida. "Trata-se de uma fé vivida, enraizada, praticada e posta à prova. A adesão de Mounier à Igreja é total e incondicional, porém não acrítica nem branda" (Diaz, p. 42-43).

Praga (Golpe de Estado). Dado em 1948 pelo Partido Comunista nas eleições de 1946 e 1948, fortalecido pelas desilusões quanto à situação política anterior à Segunda Guerra Mundial e em parte graças ao prestígio do Exército russo que acabava de libertar o país. Um impressionante monumento é erguido à glória do camarada Stalin, chamado "pai dos povos". O engajamento de Mounier se faz presente na denúncia dura e imediata contra o golpe comunista, através das páginas de *Esprit* (ver o artigo "Praga" em: *Oeuvres*, t. IV, p.154).

Proudhon (1809-1865). Um dos pensadores que mais estudou o fenômeno da propriedade sob todos os aspectos. Ficou famosa a afirmação: "A propriedade é um roubo". Propõe a reorganização da sociedade segundo os princípios da justiça. Escreveu *A Filosofia da miséria* (1846), contra a qual Marx antepôs *A miséria da filosofia* em que ataca o socialismo utópico de Proudhon.

Rajk, László (1909-1949). Político comunista húngaro. Em 1949 é preso e acusado nos processos de depuração seguindo o modelo do terror imposto por Stalin. E, para servir de exemplo, ele e mais outros 18 acusados por "crimes" inventados são condenados à morte e enforcados em 15 de outubro de 1949. Esse processo marca uma das páginas mais cruéis da história da Hungria.

Renascimento (Refazer o). É o título do *Manifesto de Font-Romeu* escolhido por Mounier inspirador do movimento *Esprit*. A crise econômica de 29 anuncia o fim de uma civilização, oriunda do Renascimento e do capitalismo. Ademais, a fé cristã não pode mais estar solidária com essa civilização ou, para usar uma expressão de Mounier, a "desordem estabelecida".

Resistência. "Ação clandestina efetuada na Europa por organizações civis e militares contra a ocupação alemã no decorrer da Segunda Guerra Mundial. Na França os movimentos de resistência foram unificados em 1943 no *Conselho Nacional de Resistência (CNR)*. Por sua atividade (informação, propaganda, salvamentos e sabotagem), a Resistência tem contribuído para a libertação do território e apoio à ação do General de Gaulle" (*Le petit Larousse*, p.1632).

Ségur, Comtesse de (1799-1874). De origem russa, teve de fugir de sua pátria com sua família e buscar refúgio na França. Casou com o Conde de Ségur. Tiveram oito filhos. Ela começa a escrever contos para seus netos e para a juventude. Autora de vinte romances, nos quais o bem sempre triunfa sobre o mal (ver *les Petites Filles modeles*, 1858; *les Malheur de Sophie*, 1864). Suas histórias farão sucesso durante várias gerações.

Semprún, Jorge (1923-2011). Intelectual, político e escritor, filho de José Maria Semprún y Gurrea. A família mudou-se para Paris em 1941 e estudou filosofia na Universidade Sorbonne. Combateu ao lado dos partidários da resistência francesa durante a Segunda Guerra. Em 1943 foi preso, torturado e deportado para o campo de concentração de Buchenwald na Alemanha, experiência que o marcou profundamente. Trabalhou na UNESCO de 1945 a 1952. A maior parte de sua obra foi escrita em francês, formada por romances, peças de teatro e roteiros (o de "Z", de Costa-Gravas, rendeu-lhe um Oscar). Entre 1988 e 1991 foi nomeado Ministro da Cultura da Espanha no governo socialista de Felipe González.

Semprún y Gurrea, José María (1893-1966). Homem político e militante, correspondente de *Esprit* na Espanha. Foi catedrático de filosofia do direito da Universidade de Madri. O seu artigo *La question d'Espagne inconnue*, publicado na revista *Esprit* em novembro de 1936, é a ocasião de Mounier afirmar a ruptura contra o conluio da Igreja da Espanha aliada aos nacionalistas. Não é possível fundamentar posições políticas em convicções religiosas.

Serge, Victor (1890-1947). Escritor francofone, revolucionário e anarquista. Nasceu na Bélgica de pais russos emigrados políticos. Reconhecido internacionalmente como grande escritor e romancista. Militante, passou sua vida no exílio, denunciando os horrores dos Processos de Moscou perpetrados por Stalin sobretudo entre 1936 e 1938, quando milhões de pessoas foram cruelmente assassinadas. É uma denúncia, feita 40 anos antes de Soljenitsyne. Por isso foi vilipendiado pelos comunistas. Itinerário impressionante de quem batalhou a vida inteira pela liberdade. Amigo de Mounier, Serge publicou diversos artigos na revista *Esprit* sobre o anarquismo, sobretudo denunciando os horrores que se cometiam na URSS no regime terrorista de Stalin.

Sofia. Capital da Bulgária. Em 1944, o país é ocupado pelo exército russo, sendo então obrigado a entrar em guerra ao lado da URSS. Torna-se uma república dirigida pelos comunistas, fiéis a Moscou. Somente em 1990 haverá as primeiras eleições livres, formando-se então um governo de união nacional.

Sudetas. Montanhas nos confins da Polônia e da Checoslováquia. Aplica-se a toda a orla da Boêmia e à sua importante população alemã. Foi anexada pela Alemanha no período de 1938 a 1945, quando foi restituída à Checoslováquia, e a população de origem alemã foi transferida para a Alemanha.

Teilhard de Chardin, Pierre (1881-1955). Jesuíta, paleontólogo, biólogo, filósofo e teólogo. Empreende diversas expedições e viagens na Ásia e na África, nos Estados Unidos e na China. Por causa de seus escritos julgados não muito ortodoxos pelas autoridades eclesiásticas, permanece distante da Europa. Possui uma visão metafísico-teológica do mundo bastante original e polêmica, suscitando muitos debates e polêmicas. A sua obra somente foi publicada postumamente devido à censura da Igreja católica. Em resumo, a visão teilhardiana do mundo consiste essencialmente em reconhecer que no real existem duas correntes opostas: de um lado, a matéria se dissipa e se perde; do outro, ela se constrói em vida e em consciência na complexidade, divinizando-se no Cristo Cósmico.

Témoignage Chrétien. Hebdomadário ecumênico, fundado durante a ocupção alemã em 16 de novembro de 1941 pelo jesuíta Pierre Chaillet, ligado à rede de Resistência e com circulação clandestina. O que o distinguia dos outros jornais na Resistência é que contra o nazismo revindicava uma *Resistência espiritual*, inspirada no Evangelho e nos ideais cristãos. Na equipe de redação figuravam importantes intelectuais franceses, como Henri de Lubac, André Mendouze, Georges Bernanos e Jacques Maritain, chegando a uma tiragem de 100 mil exemplares. Participou ativamente na campanha de descolonização contra a guerra da Algéria (ou Argélia), do diálogo inter-religioso, debatendo os graves problemas que afligiam a humanidade. Mais informações no site: www.temoignage-chretien.fr.

Temps Modernes (les). Revista mensal política, literária e filosófica, fundada em outubro de 1945 por Jean-Paul Sartre e Simone de Beauvoir. Do comitê diretor de origine também participaram Raymond Aron, Maurice Merleau-Ponty e Jean Paulhan.

Tito, Josip Broz (1892-1980). Homem político iuguslavo, dirigente do Estado socialista e Presidente após a Segunda Guerra Mundial até o fim de sua vida. É um dos fundadores do "Movimento dos não alinhados". Em 1945 rompe com Stalin e se impõe como um dos líderes do neutralismo e dos países não alinhados. Distancia-se do modelo soviético para instaurar um socialismo autogestionário, regime denominado mais tarde de titismo.

Touchard, Pierre-Aimé (1903-1987). Escritor crítico literário. Entre 1933 e 1940 participa ativamente da equipe de *Esprit*, redigindo a crônica "Teatro vivo" e denunciando as tendências de um teatro superficial. A partir de 1934 funda a "Association des amis d'*Esprit*". Participa das atividades do movimento *Troisièm Force*. A partir de 1938 participa com J. Lacroix do jornal *Lê Voltigeur* que denuncia os acordos de Munique. Ocupou importantes cargos no campo da cultura e em 1967 foi nomeado diretor do Conservatório de Paris.

Transiberiana. Estrada de ferro de 9.297 km construída entre 1891 e 1916, ligando Moscou à cidade portuária de Vladivostok, próxima do Mar do Japão e da China.

Troisième Force. Coligação governamental formada na IV République pela SFIO, pelo *Mouvement républicain populaire* – MRP, pelos radicais e outros pequenos partidos em oposição às teses dos comunistas. Ficou no poder entre 1947 e 1951. Propunha uma aliança com os Estados Unidos e o projeto de construção da Europa. Foi acusada de certo imobilismo econômico e social.

Troisième République (Terceira República). É o regime político da França de 1870 a 1946. É o primeiro regime francês a se impor com tal duração após 1789. Com a queda da monarquia francesa, a França experimentou, em 80 anos, sete regimes políticos: três monarquias.

Uriage, Pierre D. de Segonzac. Com autorização de Vichy, em 1940, em um castelo do século XIII não muito longe de Grenoble, fundou a Escola de Quadros Dirigentes de Uriage com o propósito de formar os futuros chefes dos movimentos de jovens. Vários intelectuais franceses foram convidados para dar conferências, em particular Mounier e Lacroix. A tal ponto que o personalismo chegou a ser a doutrina de referência. Mas, em 1941 Mounier foi proibido pelo regime de Vichy a desenvolver qualquer atividade em Uriage.

Versalhes (Tratado de). Realizado em 1919, põe fim à Primeira Guerra Mundial, sendo concluído entre a Alemanha e as potências aliadas. Foram as seguintes as principais cláusulas: Restituição da Alsácia-Lorena à França; a criação do corredor de Dantzig para a Polônia poder ter acesso ao mar; a limitação do potencial militar alemão; o pagamento de 20 bilhões de marcos imposto à Alemanha a título de reparações.

Vichy (Governo de). Comuna da França da região do Auvergne, a certa distância de Paris. Com o armistício assinado em 22 de junho de 1940 pelo marechal Philippe Pétain, Vichy tornou-se a sede do governo da França durante mais de quatro anos.

Vigário de Saboia. Rousseau, em sua obra *Emile* ou de *l'Éducation,* no livro IV, estabelece um longo diálogo entre ele e o Vigário de Saboia. É sua famosa profissão de fé. O homem sente-se como um ser limitado e humilhado diante da Natureza, mas vinculado a Deus por um sentimento de confiança. Esta é uma relação imediata, refratária a "intermediários", às autoridades e às tradições que aparecem nas religiões positivas.

Voltigeur (le). Jornal bimestral, fundado em 1939, constituindo-se como um espaço de uma revolta diante da atualidade. No sentido militar, "voltigeur" é o soldado da infantaria de uma companhia de elite destinada a agir como atirador na linha de frente de um batalhão. Nesse jornal, Mounier denuncia, por exemplo, a conferência de Munique por não ser a paz, mas a vitória do nazismo, originando odiosas consequências para a imagem das democracias. É uma mentira oficial da política estrangeira, recusando qualquer colaboração com a Alemanha nazista. Quanto à religião, ele quer um cristianismo dos fortes. O jornal teve dificuldades de sobreviver por ser deficitário.

Winock, Michel (1937-). Historiador francês, especializado no estudo e na análise dos movimentos políticos e intelectuais do século XX. Atualmente ocupa a cátedra de História contemporânea na Escola de Ciências Políticas de Paris. Em colaboração com Jacques Julliard dirige o *Dictionnaire des intelectuels français*. É autor da obra clássica *Esprit: Des intellectuels dans la cité, 1930-1950*. Paris: Le Seuil, 1996.

Zinoviev, Grigory (1883-1936). Personalidade contraditória. Opõe-se à revolução bolchevique. Entre 1936 e 1938 a repressão foi cruenta e bárbara, sendo sumariamente condenadas à morte ou deportadas todas as pessoas consideradas inimigas do povo. Em 1936, Zinoviev e outros considerados terroristas foram condenados à morte e executados. É o terror com o culto da personalidade de Stalin, ditador do partido e do Estado. O grosso livro *O Arquipélago Gulag* de Alexander Soljenitsin revela a tirania soviética dessa época.

Referências Bibliográficas

BOUDIC, Goulven. *Esprit 1944-1982: les métamorphoses d'une revue*. Paris: Éditions de l'IMEC, 2005.

BULLETIN DES AMIS D'MOUNIER. *Textes de Mounier dans le Bulletin*. Paris: março de 1998, n. 87/88, p. 56-59.

DÍAZ, Carlos. *Emmanuel Mounier: Un testimonio luminoso*. Madrid: Ediciones Palabra, 2000.

EKsprit. Collection intégrale 1932-2006. Version Monoposte – PC/WINDOWS. Paris: Revue ESPRIT, 2009.

JAPIASSÚ, Hilton e MARCONDES, Danilo. *Dicionário básico de filosofia*. 5ª ed. Rio de Janeiro: Zahar, 2008.

LAROUSSE. Le Petit Larousse. Paris: Larousse, 2009.

LOUBET DEL BAYLE, Jean-Louis. *Les non-conformistes des années 1930*. Paris: Le Seuil, 1969.

MOUNIER, Emmanuel. *Oeuvres de Mounier*. 4 volumes. Paris: Le Seuil, 1961, 1962 e 1963. Edição cuidadosamente elaborada por Paulette Mounier.

PAVAN, Antonio (ed.). *Enciclopedia della persona nel secolo XX*. Nápoles (Itália): Edizioni Scientifiche Italiane, 2008.

WIKIPEDIA. www.wikipedia.org

WINOCK, Michel. *Esprit: Des intellectuels dans la cité, 1930-1950*. Paris: Le Seuil, 1996.

SITES de organizações Emmanuel Mounier

ARGENTINA: www.personalismo.net
(e-mail: iemargentina@personalismo.net).

BRASIL: www.filosofiapersonalista.com.br
(e-mail: alinolorenzon16@gmail.com).

ESPANHA: www.mounier.es (e-mail: iem@pangea.org).

FRANÇA: www.emmanuel-mounier.com
(e-mail: Jacques.legoff@univ-brest.fr).

ITÁLIA: www.prospettivapersona.it
(e-mail: danesedinicola@tin.it).

Impressão e acabamento
GRÁFICA E EDITORA SANTUÁRIO
Em Sistema CTcP
Capa: Supremo 250g
Miolo: Chamois 80g
Rua Pe. Claro Monteiro, 342
Fone 012 3104-2000 / Fax 012 3104-2036
12570-000 Aparecida-SP